Badminton Book for Seniors

バドミントン
シニアからのチャレンジ
シニア全日本で上位を目指す人・シニアから始める人へ

池田 明男　廣瀬 勇夫　泉 英明

梓書院

はじめに

　この本はシニアのためのバドミントン教示です。2つの教示をねらって書いています。1つ目はシニア（特に50歳以上）で実力をつけ全日本シニアバドミントン選手権大会でトップクラスの選手を目指す人のための教示であり、2つ目はこれからシニアでバドミントンを始めようとする人のための教示です。

　1つ目のねらいである全日本シニア選手権で上位入賞を目指す人への教示は、廣瀬勇夫氏が選手の立場からうまくなるため、勝つための練習法と心構えを説きます。廣瀬勇夫氏は、65歳を過ぎてからメキメキ頭角を現し2010年の第27回全日本シニアバドミントン選手権大会の70歳以上男子ダブルスで優勝、4年後に二度目の優勝を成し遂げました。

　バドミントンには"うまくなる"、"強くなる"ためのマジックはありません。本人の強くなりたいという気持ちと、地道に練習を続ける意思が大事です。ただ練習するにしても、自己流で行うのではなく"うまくなるため"、"強くなるため"には何が必要で、どのように練習をすべきかが大事です。子育てが一段落した女性や、以前活躍していたバドミントンの腕前を復活させてシニア選手権で上位入賞を目指そうと考えている人にも大いに参考になります。

　二つ目のねらいである中高年になってからバドミントンを始める人への教示は、65歳を過ぎてからバドミントンを始めた泉英明氏が説きます。

　これからバドミントンを始めるとき、健康ブーム・健康寿命を考えて始める人、友達をつくり楽しく練習することを考えて始める人、ストレス発散のために始める人など、さまざまな動機に対してどのような姿勢でバドミントンに取り組むべきかを説きます。具体的にはクラブチームへの入会〜練習〜試合〜退部まで、何が必要で何が重要かを

はじめに　｜　1

解説します。

　バドミントンは競技種目です。いくら健康のため、ストレス解消のためといっても、あまりにも不真面目でやる気のない人は所属チームに馴染みません。競技種目ですから練習を重ねるうちに、うまくなりたい、強くなりたい、試合に出たい、という気持ちが湧いてきます。うまくなる楽しみ、試合に出る楽しみとあわせて、高齢になってもバドミントンを続けるための必要条件を教示します。

　廣瀬勇夫氏も泉英明氏も自己流で練習してきた部分が多く、バドミントン球技を大局的に、かつ体系的に捉える機会が少なかったため、指導・教示には力不足です。これをカバーするために池田明男氏が指導者の立場から第Ⅲ部の「強くなるため・勝つための強化練習」を教示します。池田明男氏は40年以上もの長い間ジュニアのコーチをし、北京オリンピック、ロンドンオリンピックに出場した池田信太郎選手を始め、再春館製薬所バドミントンクラブコーチの池田雄一選手、再春館製薬所バドミントン部の松山奈未選手など多くの強い選手を育てました。シニア選手にとってはハードなため練習のなかに取り入れにくいフットワーク、パターン練習、ノックが主な教示内容です。シニア強化練習の差別化です。

　これまでに出版されているバドミントンの本は、全日本選手権で活躍した（活躍している）有名選手の完成形に近いフォームを写真入りで解説しているものが多く見られますが、本書では、一流選手が書いた本とは異なる次のような特徴を持たせています。

1. 中高年からバドミントンを始めて、シニア部門で日本のトップクラスの選手になるためには、コート内、コート外でどんな練習・訓練をしなければならないかの解説と、バドミントンに対していかに取り組むべきかの姿勢を教示しています。

2. 高齢になってからバドミントンを始めた人が、クラブチームに溶け込み、実力をつけ、試合に出て勝つ喜び、負けるくやしさを味わいつつ練習を持続するためには何が大切かを、クラブ入会から退部

までの心得として教示しています。

　本書はⅢ部から構成されています。
　第Ⅰ部の「バドミントンの基礎」ではバドミントンをハード面（コートなど）とソフト面（打法など）から要点を記します。特にバドミントンコートの大きさやネットの高さ、さらにはスコアシートの記入方法などは選手として知ってほしい内容です。
　第Ⅱ部の「シニア─上級編・初級編─」は本書の核（コア）となる部分であり、本書の特徴はこのなかに盛り込まれています。シニア上級編ではシニアで日本トップクラスになるための練習法と取り組みの実践、初級編では高齢からバドミントンを始める人がクラブチームに溶け込みながら練習を持続するには何が大切かを解説します。
　第Ⅲ部の「強くなるため・勝つための強化練習」は第Ⅱ部のシニア上級編を補完する内容です。シニアで強くなるには、かなりハードな練習が必要です。ジュニアの強い選手や社会人選手が取り入れている練習法をシニア選手が無理なく取り入れて練習する方法を平易に解説します。この強化練習の実践がすべて実力アップにつながります。

　本書を書くにあたっては多くの諸先輩のご指導、アドバイスをいただきました。とりわけ、公益財団法人日本バドミントン協会にはバドミントンの普及・発展のため本書出版に際して大いなる激励をいただきました。同じように福岡県遠賀郡バドミントン協会会長兼岡垣町バドミントン連盟会長の森嶋通之氏を始め役員の皆様には激励をいただきました。福岡県遠賀郡岡垣町で唯一のスポーツ店「ビーハイブ」のオーナー石井宏紀氏を始め関係者の皆様に賛同とご協力をいただきました。深く感謝申し上げます。
　また、ヨネックスバドミントンチームの現役選手、北都銀行バドミントン部の現役選手からはS/Jリーグ開催期間にもかかわらず基礎打法のワンポイントアドバイスをいただきました。2016年度全日本学

生バドミントン選手権で優勝を果たした中央大学の選手からも基礎打法に対する貴重なアドバイスをいただきました。感謝申し上げます。

　そして我々著者3人が所属するバドミントンクラブ「カトレア」の女性プレイヤーには、ご無理をお願いして基本打法などの写真を撮らせていただきました。心から御礼申し上げます。

　最後に厳しい出版環境のなかで本書の出版を快く引き受けて下さった梓書院出版事業部部長の前田司氏を始め、多くのスタッフの皆様には心から御礼申し上げます。

　　　　　2017年7月 岡垣町ウエーブアリーナにて　　著者一同

バドミントン　シニアからのチャレンジ　―目次―

はじめに……… *1*
本書の利用方法… *8*

第Ⅰ部　バドミントンの基礎

第1章　バドミントンの基礎知識 ……………………………………… 10
1. バドミントン競技の歴史 *10*
2. バドミントンコートとネット *11*
3. ストローク（打ち方）の種類 *12*
4. 試合方法 *13*
5. マナーの大切さ *15*
6. スコアシート（ダブルス）の記入方法 *15*

第2章　バドミントンの基本打法 ……………………………………… 19
1. クリアー *19*
2. ドライブ *20*
3. ドロップ *21*
4. ロブ（ロビング） *22*
5. スマッシュ *24*
6. プッシュ *25*
7. ヘアピン *27*
8. カット *28*
9. サービス *30*
10. レシーブ *32*

第3章　フットワーク ……………………………………………………… 35
1. フットワークのポイント *35*
2. ホームポジションから動くこと *35*
3. 効果的なリアクション・ステップ *36*

第4章　パターン練習 ……………………………………………………… 37

第5章　ノック ……………………………………………………………… 39
1. ノックとは *39*
2. ノックの方法 *40*

第Ⅱ部　シニア上級編 ―全日本シニア選手権で勝つための練習法と心構え―

第1章　バドミントンとの出会い ……………………………………… 42
1. 私の主な戦績 *42*
2. 出会いは学生時代 *44*
3. 50歳代は負けてばかり *45*
4. 全力で取り組めばやるべきことが見えてくる *46*
5. 全日本シニア選手権に向けて *46*
■ COFFEE BREAK　こんな時代も… *49*

第2章　バドミントン上達のための体力・健康管理法 ………… 50
1. 座右の銘 *50*
2. 体力維持 *51*
3. 健康管理 *54*
4. 体力維持・健康管理のための記録簿 *56*
■ COFFEE BREAK　発想の転換が必要 *58*

目次 | 5

第3章　私のバドミントン練習法 ……………………………………… 59

1. 私のルーティン　*59*　　　　　2. ルーティンの重要性　*59*
3. カトレアクラブでの練習　*60*　　4. ヴィンテージ福岡での練習　*65*
■ COFFEE BREAK　第二の人生は退職前に考えよう　*67*

第4章　こだわりのサーブ・こだわりのレシーブ ………………… 68

1. サーブの心がけと実践　*68*　　　2. レシーブの心がけと実践　*73*
3. 練習試合でのサーブの心得　*76*
■ COFFEE BREAK　怪我からの脱出　*78*

第5章　バドミントンから得た教訓 ……………………………………… 79

1. シングルス戦の失敗から学んだもの　*79*
2. バドミントンとゴルフの相互補完 / 相乗効果　*81*
3. クラブ・大会での人との出会い　*82*
4. いつもと違う場所での人との出会い　*84*

第Ⅱ部　シニア初級編 ─シニアから始めるバドミントン─

第6章　シニア世代にも人気が高い運動・スポーツ ……………… 86

1. 定年後は健康志向から運動・スポーツ人気が高い　*86*
2. 定年後に運動・スポーツをする動機　*87*
3. 60歳以上の人が行っているスポーツの主な種目　*87*
4. 運動・スポーツの効果　*89*
5. 運動・スポーツは健康寿命を延伸する　*90*
■ COFFEE BREAK　高齢者に優しいシャトルの提案　*93*

第7章　私がバドミントンを選んだ理由 ……………………………… 94

第8章　クラブに入会するときの注意点 …………………………… 97

1. 自分の目的に合ったクラブを選ぶ　*97*
2. クラブ会員規約を確認しておく　*98*
3. 入会前にある程度レベルを上げておく　*100*
4. クラブチームに入会するときの心掛け　*101*
■ COFFEE BREAK　理想的なグループ分け　*102*

第9章　クラブに入会してから心がけるべきこと …………………… 103

1. 日常練習前後の心構え　*103*　　2. 日常練習での心得　*104*

第10章　練習に対する取り組み姿勢 ……………………………… 110

1. 練習で心がけていること　*110*　2. 練習試合で心がけていること　*112*
■ COFFEE BREAK　入会3年で急成長したS氏の例　*115*

第11章　遠大な計画と飽くなき挑戦そして引き際 ・・・・・・・・・・・・・・116

1. 目標設定とその達成に向けての練習　*116*　　2. 試合には積極的にでる　*118*
3. 良き人間関係をつくる　*119*　　　　　　　　4. 所属クラブを辞めるタイミング　*121*
5. 所属クラブを辞めるとき　*123*　　　　　　　6. 引退後は初心者指導が夢　*124*

第Ⅲ部　強くなるため・勝つための強化練習

第1章　シニア選手が全日本シニア選手権で上位入賞を
　　　　目指すための基本的な考え方 ・・・・・・・・・・・・・・・・・・・・・・・・128

1. まずは発想を転換せよ　*128*　　　　2. 練習は段階的にレベルアップする　*128*

第2章　強くなるため・勝つための9要素 ・・・・・・・・・・・・・・・・・・・・130

1. 9要素の内容　*130*　　　　　　　　2. 9要素を高くするための心がけ　*133*
3. 経験が勝利につながる　*134*
4. シニア選手のスピード・パワー・スタミナ向上策　*135*
■ COFFEE BREAK　ジュニアコーチのジレンマ　*137*

第3章　フットワークの強化練習 ・・・・・・・・・・・・・・・・・・・・・・・・・・・・138

1. 順送りサイドステップによる強化　*138*　　2. 攻撃的フットワーク　*139*
3. 岡垣ジュニアのフットワーク練習例（4点移動式フットワークセット練習）　*141*

第4章　パターン練習による強化 ・・・・・・・・・・・・・・・・・・・・・・・・・・・・143

1. ダブルスでのパターン練習（パートナーとの連係プレー）　*143*
2. 岡垣ジュニアのパターン練習例（1対2によるつなぎの強化練習）　*144*

第5章　ノックによる強化練習 ・・・・・・・・・・・・・・・・・・・・・・・・・・・・・・147

1. ラケットノックに対するスマッシュ＆プッシュ攻撃　*147*
2. 岡垣ジュニアのノック練習例（4点アタック）　*148*
■ COFFEE BREAK　上手な褒め方・上手な叱り方　*151*

第6章　レシーブの強化練習 ・・・・・・・・・・・・・・・・・・・・・・・・・・・・・・・・152

1. 同じフォームから異なるレシーブショットを打ち分ける強化練習　*152*
2. サービスレシーブの強化練習　*153*

第7章　試合による強化練習 ・・・・・・・・・・・・・・・・・・・・・・・・・・・・・・・・157

1. 練習試合による強化練習　*157*　　　2. 岡垣ジュニアの練習試合例　*158*
3. 本試合による強化練習　*160*　　　　4. 他流試合で強化すべき要素　*162*
■ COFFEE BREAK　4人制バドミントンでゲームを楽しみましょう　*163*

引用・参考文献　*165*

目次 | 7

本書の利用方法

本書は「第Ⅰ部 バドミントンの基礎」、「第Ⅱ部 シニア上級編、初級編」、「第Ⅲ部 強くなるため・勝つための強化練習」の3部から構成されています。本書の利用にあたっては、利用者の経験や目的やレベルに応じて次のように利用していただくことをお奨めします。

1. シニアからバドミントンを始める人の利用方法

バドミントンの基礎知識を習得していただく、バドミントンを始めるうえでの心構えを身につけていただくため、下記のように実線で囲まれた部分を最初に読んでいただき、その後に点線で囲まれた部分を読んでいただきたい。

2. 全日本シニア選手権でトップクラスを目指す人の利用方法

健康管理の内容と工夫を凝らした練習方法を習得し、シニア世代では少し厳しい練習に挑戦していただくため、下記のように実線で囲まれた部分を最初に読んでいただき、その後に点線で囲まれた部分を読んでいただきたい。

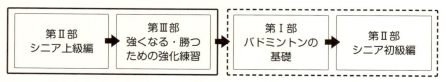

3. すでにシニアでバドミントンをしている人の利用方法

今よりもバドミントンを強くなりたいと思っている人、長きにわたりバドミントンを続けたいと思っている人のため、下記のように実線で囲まれた部分を最初に読んでいただき、その後に点線で囲まれた内容を読んでいただきたい。

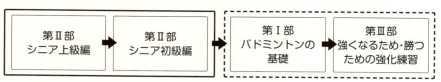

第Ⅰ部　バドミントンの基礎

執筆　池田明男・廣瀬勇夫・泉 英明

第1章　バドミントンの基礎知識

第2章　バドミントンの基本打法

第3章　フットワーク

第4章　パターン練習

第5章　ノック

第1章　バドミントンの基礎知識

1. バドミントン競技の歴史

1）発祥の地

　サッカー、ゴルフ、テニス、ラグビーなどと同じようにバドミントン競技もイギリスが発祥の地です。1870 年代にはバドミントンと名づけられた遊びに近いゲームが行われていました。長方形のコートが採用され、曲がりなりにもルールが作られ、「ルールに従い試合をする」ようになったのは 1900 年前後からです。現代のようなバドミントン競技が行われるようになったのはバドミントン国際連盟が発足した 1930 年代ごろからです。

2）日本での導入と普及

　日本がバドミントンに接したのは 1921 年、横浜 YMCA の体育主事をしていた広田兼敏氏が名誉主事のアメリカ人スネード氏から用具一式を寄贈されたことが始まりとされています。今から 90 年以上も前のことです。広田氏はその後、1933 年に横浜 YMCA の体育活動に取り入れ、1937 年にはバドミントンクラブを設立しています。

　第二次世界大戦のために普及活動は停滞しますが、1946 年、終戦後はやばやと各地の YMCA などのクラブチームはバドミントンを再開しました。同年、日本バドミントン協会が設立されました。1948 年、第 1 回全日本総合バドミントン選手権大会開催、日本体育協会に加盟、1952 年国際バドミントン連盟加盟と、急速にバドミントンは普及します。

　バドミントンは 1992 年に開催された第 25 回バルセロナ大会から正式にオリンピック競技種目として採用され、日本からは男女シングルス各 2 人、男子ダブルス 2 組、女子ダブルス 3 組が参加しましたがメ

ダルには届きませんでした。オリンピックにバドミントン選手が参加するようになってからまだ25年ほどです。

2. バドミントンコートとネット

1) コートの大きさ

バドミントンのコートは全長13.4m、幅6.1mです。シングルスは内側のサイドライン、ダブルスは外側のサイドラインを使い競技します（図I-1）。

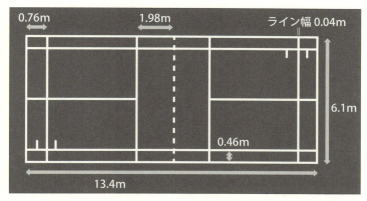

図I-1　コートの大きさ（出所：日本バドミントン協会採択「競技規則（平成28年4月1日一部改訂版）」1条図Aを基に作成（http://www.badminton.or.jp より））

2) ネットの高さと幅

ネットの高さは両側で1m55cmです。成人日本女性の平均身長とほぼ同じと覚えましょう（図I-2）。

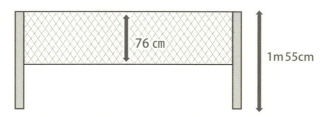

図I-2　ネットの高さと幅（出所：図I-1と同じ。「競技規則」1条第7項、第10項より作成）

第I部　バドミントンの基礎　｜　11

3. ストローク（打ち方）の種類

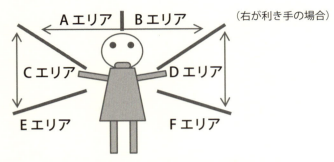

図I-3　打点の高さと左右によるストロークの種類

シャトルを打つときの高さとフォアハンド（図I-3のA、C、Eエリア）かバックハンド（図I-3のB、D、Fエリア）で打つかにより6種類（2×3）のストロークがあります。

①オーバーヘッド・ストローク（フォアハンド）図I-3のAエリア
　頭より高い位置のシャトルをフォアハンドで打つストローク。
②オーバーヘッド・ストローク（バックハンド）図I-3のBエリア
　頭より高い位置のシャトルをバックハンドで打つストローク。
③サイドアーム・ストローク（フォアハンド）図I-3のCエリア
　ネットとほぼ同じ高い位置のシャトルをフォアハンドで打つストローク。
④サイドアーム・ストローク（バックハンド）図I-3のDエリア
　ネットとほぼ同じ高い位置のシャトルをバックハンドで打つストローク。
⑤アンダーハンド・ストローク（フォアハンド）図I-3のEエリア
　ネットより低い位置のシャトルをフォアハンドで打つストローク。
⑥アンダーハンド・ストローク（バックハンド）図I-3のFエリア
　ネットより低い位置のシャトルをバックハンドで打つストローク。

　6種類のストロークの他に、以下のスリークォーターフォア、ラウンドザヘッドストローク、ハイバックハンドストロークを入れて9種類に分類する場合もあります。

⑦スリークォーターフォア
　図I-3Aエリアの下の部分を斜め上から振り抜くストロークでオーバーヘッドより打点が低く、肩よりのショットで、シャトルがフォア側の奥へ追い込ま

れる前に対応するストローク。

⑧ラウンドザヘッドストローク

　図I-3B エリアの奥側の部分に対しバックステップをし、上体をひねりながらフォアハンドで打つショット。体勢を崩さないバランス感覚が重要です。

⑨ハイバックハンドストローク

　図I-3B エリアで窮地に追い込まれた打球を相手に背中を向けながらバックハンドで打つショット。いかにこのショットで遠くに飛ばせるかがポイントになります。

4. 試合方法

1) 勝敗の決め方

①1 ゲーム 21 点マッチの 3 ゲームで行われます。

②ラリーポイント制（サーブ権がなくても相手の失敗でもポイント）で行われます。

③20 対 20 になった場合は延長戦（便宜上デュースと呼称）になります。その後、最初に 2 ポイントリードするか 30 点を先に取ったほうが勝ちになります。

④2 ゲーム先取したほうが勝ちになります。

2) サーバー・サービス

①最初にサービス権とコートをトスにより決めます。トスの方法はじゃんけんやコイン落としなどで、勝った方がサービス権を取るか、コートを選ぶかを決めます。

②最初のサーブはコートの右側サービスコートから、相手コートの右側サービスコートにサービスします。

③レシーバーはサーバーがシャトルを打ったときから自由に動いてレシーブすることができます。

④ラリーに勝ったほうが次のサービス権を得ます。

⑤サービス側がラリーに勝った場合、同一サーバーが左右を変えて

第I部　バドミントンの基礎 | 13

サービスをします。

⑥サービス側の得点が偶数なら右側のサービスコートから、奇数なら左側のコートからサービスを行います。

⑦ダブルスの場合は、サービス権が戻ってきたときは前回と異なるプレイヤーがサービスを行います。

3) チェンジエンド（コートチェンジすること）

①第1ゲームが終了したとき

②第2ゲームが終了したとき（第3ゲームがある場合）

③第3ゲームでどちらかが11点を先取したとき

4) 休憩（インターバル）

①各ゲームで一方のポイントが11点になったとき、60秒を超えない休憩を設けます。

②各ゲーム間は120秒を超えない休憩を設けます。

5) チャレンジの導入

チャレンジというルールは、世界バドミントン連盟（BWF：Badminton World Federation）が2013年12月スーパーシリーズ決勝試合に取り入れたのが最初といわれています。ライン際ぎりぎりにシャトルが落ちた際に、プレイヤーが物言いのように審判に言いつけることを指します。チャレンジを使用すればビデオ判定に持ち込むことができ、もし審判がチャレンジを正しいと判断すれば、判定を覆すことができます。ただしチャレンジに失敗してしまった場合は、判定を覆すことができません。さらにチャレンジには使用制限回数があります（通常は1ゲーム2回）。また、チャレンジに成功した場合は使用できる回数は減りませんが、失敗したら減ってしまいます。

5. マナーの大切さ

　2012年ロンドンオリンピックのバドミントン女子ダブルス1次リーグで発生した「無気力試合」に関し、BWF（世界バドミントン連盟）が韓国・中国・インドネシアの8人の選手を失格にしたことは記憶に新しいのではないでしょうか。この選手たちはトーナメントで有利な相手と対戦するため、意図的にシャトルをネットに引っ掛けるなど敗けるためのプレーをしたためです。たとえば世界ランキング1位の王暁理−干洋組（中国）は組別リーグ最終戦でチョン・ギョンウン−キム・ハナ組（韓国）を相手に無気力プレーをしました。同じ中国チームの趙雲蕾−田卿組と決勝まで対戦しないためには組2位になる必要があったからです。

　このような振る舞いは勝敗のための戦術ではなく、マナーの悪さです。大きな国際大会だけのマナーの問題ではなく、市町村大会、県大会レベルでも試合中のマナーは大事です。つまり対戦相手と正々堂々と戦うことです。試合途中で相手にシャトルを返すときは取りやすい位置に返球する、相手の好プレーに対しては称賛する、などは常識でありよいマナーです。試合中相手を威嚇する、大声を上げる、ネットを叩きつけるなどは非常識であり悪いマナーです。普段の練習からよいマナーを身につけることが大切です。

6. スコアシート（ダブルス）の記入方法

　日本バドミントン協会のスコアシート（図I−4）を基に一般的な記入方法を説明します。途中棄権、サーブコートの間違い、レシーブを選手が間違えたなどに関する特殊な記入方法は、日本バドミントン協会のスコアシート記入例などを参照してください。

　スコアシート上段に対戦する選手名が記入された（記入例では、カトレアクラブ：池田明男、廣瀬勇夫　対　月曜クラブ：山下勝佳、泉

第Ⅰ部　バドミントンの基礎　| 15

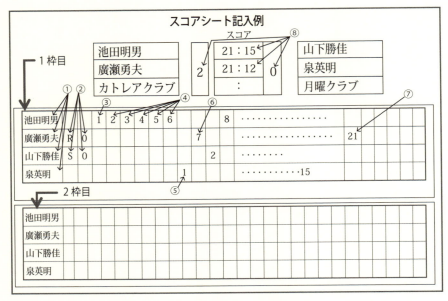

図I-4 スコアシートの記入例

英明）用紙が大会運営係より審判に渡されるので、以降審判がどのようにプレーをさせ、得点を記入するかについて説明します。

① 審判はあらかじめこのスコアシートの一番左列に選手の名前を記入します（**図I-4の①**）。

　試合が接戦になると1枠目だけでは記入できなくなるので、2枠目の一番左列にも選手の名前を記入しておきます。ただし、シーソーゲームをくり返し、接戦になっても1枠目のマトリクス（行列）の列が43列（横43列）以上あれば1枠目だけで記入が可能です。

② 対戦相手の選手同士でじゃんけんをさせ、最初に誰がサービスするか、誰がレシーブをするかを決めます。サービスをする選手の右横にSを、レシーブする選手の右横にRを記入します（**図I-4**ではサービスが月曜クラブの山下選手、レシーブはカトレアクラブの廣瀬選手）。さらにSとRの右横に0点から開始することの0を記入します（**図I-4の②**）。サービスする選手及びレシーブする選手を互い

16

に右側サービスコートに入らせます。

③**図Ⅰ-4**では最初のポイント（1点目）はカトレアが得点したので池田選手に1を記入します。なぜ池田選手に1を記入するかは、サーブ権を得るたびに交互にサーブするルールにより、奇数得点である1点目からの池田選手は左サービスコートからサービスしなければならないからです（**図Ⅰ-4**の③）。

④**図Ⅰ-4**では2点目から6点目まで連続して池田選手のサービスで得点しています。2点目からのサービスは偶数得点であるから右サービスコート、3点目からのサービスは奇数得点であるから左サービスコートからのサービスを行います。ちなみに、6点目からのサービスは池田選手ですが、そのときのレシーブは対戦相手も右サービスコートの山下選手です（**図Ⅰ-4**の④）。

⑤次の得点は月曜クラブに1点目が入ったので、この点は泉選手に1を記入します。なぜなら同一チームではサービス権を得るごとに交互にサービスをするルールにより山下選手の次の泉選手に移るからです。1点は奇数得点であるから泉選手は左サービスコートからサービスすることになります。1の数字の記入は同一横列の4行のなかでダブらないように6点目の次の列にずらして、泉選手の行に記入しなければなりません（**図Ⅰ-4**の⑤）。

⑥次の得点7点目はカトレアがとったので、次にサービスをするカトレアの廣瀬選手に7を記入します。廣瀬選手は7が奇数得点ですから左サービスコートからサービスをします（**図Ⅰ-4**の⑥）。

⑦以下、サーブ権が移動するごとに同一チーム内のサービスは交互に行います。偶数得点からのサービスは右サービスコートから、奇数得点からのサービスは左コートから行います。さらに、点数の記入は同一横列の4行のなかでダブらせずに次列に記入します。どちらかのチームが21点になるまで同様に続けます（**図Ⅰ-4**の⑦）。

⑧どちらかのチームが21点になり第1ゲームの勝敗がついたら、そのときの相手チームの得点（仮に15点とする）と合わせて、スコ

第Ⅰ部　バドミントンの基礎　|　17

アの欄に第1ゲームの得点を記入します。同じように記録した結果、第2ゲームもカトレアが21点で勝利し、相手の月曜クラブが12点ならば第2ゲームの得点を記入します。そして、2対0でカトレアが勝利したことがわかるようにゲームカウントを記入します（図Ⅰ-4の⑧）。ここまで記入したスコアシートを大会の運営係に渡すことになります。

このスコアシートからわかるようにカトレアチームが7点目を得た時点で、サーブは廣瀬選手が左サービスコートから行うことになりますが、間違って池田選手がサービスを行おうとする、あるいは右側からサービスを行おうとした場合は審判が誤りに気づき、正さなければなりません。試合をルールに従って正しく進行するためにもスコアシートが役立ちます。このスコアシートの記入は単に得点の経過や勝負の結果を記録するだけでなく、バドミントンの試合をルールに従って進行するためにも大切な役割を果たすことを銘記しておかなければなりません。

第2章　バドミントンの基本打法

1. クリアー

　クリアーはシャトルを遠くに飛ばす打法です。シャトルの高さやスピードや打ち方により 1) ハイクリアー、2) ドリブンクリアー、3) ハイバッククリアーに区別できます（図Ⅰ-5）。

1) ハイクリアー

　オーバーヘッド打法でシャトルを高く、遠くに飛ばすショットがハイクリアーです。高く、遠くに飛ばすことで滞空時間を長く確保し、その間に守備固めをするために使います。

図Ⅰ-5　クリアーの種類とシャトル軌道

―ワンポイントアドバイス―
【クリアーについて】
まずは、ねらったコースへしっかりとコントロールできることが大切。その上で、攻めの低く速いクリアーと、一度体勢を立て直すための高いクリアーを使い分けることも大切。自分の体勢、相手の体勢を把握し、打ち分けることができるようになること。

アドバイザー：佐藤冴香選手
出身県：宮城県
所属：ヨネックス
活躍時期、大会、成績など：
2012年ロンドンオリンピック WS　ベスト16

第Ⅰ部　バドミントンの基礎　| 19

2) ドリブンクリアー

シャトルを低い弾道で、かつ速いスピードで奥まで飛ばすクリアーをいいます。守備固めに使うハイクリアーに対して、ドリブンクリアーは攻撃的な打法として使われます。

3) ハイバッククリアー

ハイクリアーがラケットを持っている利き手方向のシャトルを打つのに対して、バックハンドで相手に背中を向けてシャトルを高く、遠くに飛ばす方法をいいます。相手にバックの奥をつかれ、フォアハンドで返球できない場合に使います。

2. ドライブ

ドライブはネット近くで使うショットです。ネットぎりぎりの高さで床と平行にシャトルを飛ばすことをいいます（図I-6）。利き手方向のシャトルをラケットの表面で打つ1）フォアハンドドライブと、反対方向を裏面で打つ2）バックハンドドライブがあります。どちらのドライブもテイクバックを取りすぎず腕と手首をうまく使い、コンパクトにラケットを振り、素早く相手に返球する打法です。

1) フォアハンドドライブ

利き手方向のシャトルをコンパクトなスイングで相手のいない位置に素早く打ち返すのが基本となります。シャトルを浮かせないように素早く返球し、相手に攻撃のチャンスを与えないことがポイントになります。

2) バックハンドドライブ

バックハンドで打つ以外はフォアハンドのスイング、攻め方と同じです。素早く打つと相手からの返球も早いので打ったら素早く構え、

ラケットの振り出しが遅れないこと、スイング前後の体勢を崩さないことが重要になります。そのためには打点を体の前に置き、シャトルを押し出すように打ちます。

―ワンポイントアドバイス―
【ドライブについて】
シャトルにスピードをつけ、ネットから浮かないようにコントロールして打つこと。また速い打球の応酬になることが多いので、打った後はすぐにリストスタンドを立てて構えることも大事です。

アドバイザー：櫻本絢子選手
出身県：福岡県
所属：ヨネックス
活躍時期、大会、成績など：
2013年インターハイ単・複準優勝。2016年日本ランキングサーキット複優勝

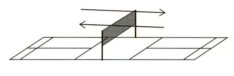

図I-6　ドライブのシャトル軌道

3. ドロップ

　ドロップは、ドロップショットともいい、コート中盤や後方から、相手コートのネット近くにシャトルを沈める打法をいいます（図I-7）。1)フォアハンドドロップ（単にドロップという）、2)ハイバックドロップ（バックハンドで高い位置から打つドロップ）があります。ドロップは決め球ではなく、決め球をつくるため、相手選手の体勢を崩す打法として使われます。相手選手のいない場所にネットぎりぎりに落とすことがポイントになります。

1) ドロップ（フォアハンドドロップ）

　フォアハンドで打つドロップを単にドロップといいます。フォアハ

ンドの打法は選択肢が多いので、相手にドロップショットを読まれないようにスマッシュやカットやクリアーと同じフォームで落とすと効果が大きくなります。

2）ハイバックドロップ

　バックハンドで高い位置からのドロップショットをハイバックドロップといいます。相手にバックの奥を攻められたときにハイバックドロップかハイバッククリアーを使うことが多くなります。フォアハンドドロップに比べ難しく、ショットが短いとネットに引っ掛かったり、相手コートに届かないことがあります。またシャトルがネット近くに浮くと相手に攻撃のチャンスを与えるなどのリスクもあります。

―ワンポイントアドバイス―
【ドロップについて】
シャトルの下に入り、打つ瞬間に力を抜いて打ちます。ラケットは止めず、振り抜きます。

アドバイザー：大関修平選手
出身県：神奈川
所属：中央大学
活躍時期、大会、成績など：
2016年インカレ団体優勝、シングルスベスト4、ダブルス2位

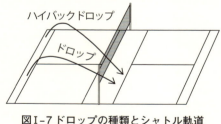

図I-7 ドロップの種類とシャトル軌道

4．ロブ（ロビング）

　ドロップやヘアピンやカットなどでネット近くに落とされたシャト

ルをすくい上げるように相手コートの遠くまで飛ばすショットを 1)
ロビング（単にロブともいう）といいます（**図Ⅰ-8**）。自分が攻め込
まれているとき、あるいは自分の体勢を整えるために使いますが、低
い軌道で抜いていく攻撃的な 2)アタックロブもあります。

1) ロブ

　バックハンドやフォアハンドでネット付近に落とされたシャトルを
下から遠くまで飛ばす打法がロブです。正確なロブを行うには、素早
くシャトル落下地点まで移動し、ラケットを持つ方の足に体重を乗せ
ながらアンダーハンド・ストロークと同じフォームで手首の返しを強
くし、頭の上あたりまでスイングすると高く遠くまで飛ばすことがで
きます。ロブはコントロールが大事です。

―ワンポイントアドバイス―
【ロブについて】
飛んできたシャトルの方向へ動
き、しっかりと重心を中央に固定
する。ラケットは体の後ろに引い
た状態から前に押し出すように下
から上に振り抜く。このとき肘は
伸ばしきらず少し曲げた状態で、
グリップエンドから前へ押し出す
ように。鞭のようにしならせるイ
メージで。ヒットポイントは体の
前で。

アドバイザー：楠瀬由佳選手
出身県：高知県
所属：北都銀行
活躍時期、大会、成績など：
2013 日本ランキングサーキット
大会（優勝）、2013 US OPEN　単
準優勝・カナダ OPEN 単3位

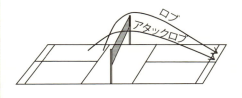

図Ⅰ-8　ロブの種類とのシャトル軌道

2) アタックロブ

　アタックロブとは、ネット前から相手の頭上を低い軌道で抜いていくロビングのことをいいます。ロブは守りのショットというイメージがありますが、アタックロブは文字通り攻撃的なショットです。ポイントはラケットを大きく振らず、ラケットを上げ、ヘアピンを打つ構えでシャトルを押し出す感じでコンパクトに振ることです。

5.　スマッシュ

　高い打点から相手コートの床面に鋭角にシャトルをたたき込む打法をスマッシュといいます（図Ⅰ-9）。スマッシュの初速（打った瞬間の速さ）は時速350kmともいわれ、新幹線に匹敵する速さです。スマッシュにはジャンプの有無により 1)スマッシュ、2)ジャンピングスマッシュがあります。

1) スマッシュ

　バドミントンで最も攻撃的なショットがスマッシュです。スマッシュは決め球として有効なショットですが、単に高い位置から速いスピードで相手コートにたたき込めば決まるというわけではありません。相手の体勢を崩し、相手からの返球が浮いたときはスマッシュで決まる確率が高くなります。スマッシュはスピードが速いほど威力を発揮しますが、ドロップやカットを混ぜて使うとより効果的です。

2) ジャンピングスマッシュ

　スマッシュをジャンプしながら打つショットをジャンピングスマッシュといいます。普通のスマッシュより高い位置から鋭角に打つことができるため、相手コートのより手前にシャトルを落とすことができ、より攻撃的なショットになります。相手を威嚇することもできます。反面、ジャンプしながらスマッシュをするため、バランスを崩しやす

い、疲れやすい、パワーが必要、コントロールをつけにくいなどの課題を克服しなければなりません。

―ワンポイントアドバイス―
【スマッシュについて】
打点を自分の体の前にし、振りを速くすること。打つ瞬間にラケットに力を込めて角度をつけるようにする。白帯をねらうように打つと角度がつくようになる。

アドバイザー：内藤真実選手
出身県：神奈川
所属：ヨネックス
活躍時期、大会、成績など：
2009年全日本総合優勝、2012年ジャパンオープン準優勝

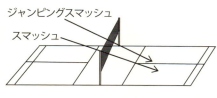

図Ⅰ-9　スマッシュの種類とシャトルの軌道

6. プッシュ

　ネット近くで、目線より高い位置からラケットをコンパクトに振り、押し出すように鋭角に落とすショットをいいます。プッシュには1) フォアハンドプッシュ、バックハンドプッシュ、2) ワイパーショットがあります（**図Ⅰ-10**）。フォアハンドプッシュ及びバックハンドプッシュを単にプッシュといいます。

1) プッシュ

　プッシュは攻撃的で最も得点になる確率の高いショットです。浮いてきたシャトルを素早くネット際でとらえ、相手コートにたたき込みます。フォアハンドの場合はシャトルをできるだけ前でとらえなけれ

第Ⅰ部　バドミントンの基礎　|　25

ばならないためテイクバックをコンパクトにすることが重要です。バックハンドの場合は足をしっかり踏み込み、利き手の肘を上げて打点を高くすることがポイントになります。フォアハンド、バックハンドともプッシュを決めるには瞬時の判断とスピードが決め手になるので、ラケットを下から持ち上げていては間に合いません。常にラケットを上げておく癖をつける必要があります。

2) ワイパーショット

　ワイパーショットは、ネット近くの球に対してネットと平行にラケットを動かし、相手コートに落とすもので、車のワイパーのような動きから名前がついたものです。ネットタッチやオーバーネットを避けて相手コートのネット近くに落とすために使われるショットです。このショットは高度な技術が必要なため、地道に練習を繰り返してマスターしなければなりません。

―ワンポイントアドバイス―
【プッシュについて】
体を相手に向かって正面に向け、腕は頭の上にあげ、自分の目で確認できるように前に構える。ネット前からの決め球として用いることが多いため、ヒットポイントを前に置きラケットの面も下向きに。ヒットポイントによって高さが変わるので、自分の理想の角度をつけられるポイントを見つけること。

アドバイザー：三好奈緒選手
出身県：福岡県
所属：北都銀行
活躍時期、大会、成績など：
2008年全日本社会人大会3位、国民体育大会'07、'08、'09準優勝

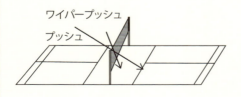

図Ⅰ-10　プッシュの種類とシャトルの軌道

7. ヘアピン

ヘアピンはネット近くに来たシャトルを相手コートのネット付近に落とす打法をいいます。戦法により 1)ヘアピン、2)スピンネット、3)クロスネットがあります（図I-11）。

1) ヘアピン

ヘアピンは高さも距離も、ネットぎりぎりに落とすことがポイントになります。浮いてしまうと相手に攻撃のチャンスを与えるので、シャトルに目線を合わせ、下半身を安定した状態に保つとコントロールしやすくなります。シャトルを強く打つというよりも軽く当てるだけです。ネットぎりぎりに落とせるようになると、相手はロブを上げざるを得なくなるので攻撃のチャンスが広がります。

2) スピンネット

不規則に回転させながら、相手コートの手前に落とすショットをスピンネットといいます。スピンヘアピンということもあります。なぜスピンをかけて打つかというと、一つ目はよく沈みコート際に落ちるからです。二つ目は不規則に回転するので、相手はコントロールしにくくなり、シャトルをネットに引っ掛けることにつながるからです。三つ目は相手の打点が下がり甘いロブやヘアピンが返ってくるので、次の攻撃のチャンスにつながるからです。

3) クロスネット

クロスネットとは、ネット近くに来たシャトルを相手対角線コートのネット付近に落とすショットをいいます。相手が目の前にいるときや低い打点で打たなければならないときに使います。フォアハンドとバックハンドのクロスネットがあります。相手の動きをよく見て、相手を引きつけ、相手のいないサイドラインぎりぎりに落とすと効果的

第I部　バドミントンの基礎 | 27

です。

---ワンポイントアドバイス---

【ヘアピンについて】
腕を肘が軽く曲がっている状態にして、フォアハンド、バックハンドとも小指から軽くにぎり、白帯に乗せるようなイメージで打つこと。

アドバイザー：鈴木温子選手
出身県：福島県
所属：ヨネックス
活躍時期、大会、成績など：
2016年全日本社会人シングルス優勝、2011年全日本学生ダブルス優勝

できるだけ高い打点で打つようにする。ラケットの面にシャトルを乗せるように優しく打つイメージで。飛んでくるシャトルによって、面の角度を調節する。

アドバイザー：五十嵐優選手
出身県：山形県
所属：中央大学
活躍時期、大会、成績など：
ランキングサーキット2016年単優勝、全日本大学選手権大会団体、単優勝

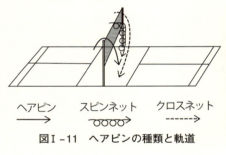

図Ⅰ-11　ヘアピンの種類と軌道

8. カット

　カットはドロップと同じように、相手コートのネット近くにシャトルをラケット面でこするようにして、早いスピードで落とすショットです。こすり方により1）カット、2）リバースカットがあります（図Ⅰ-12）。攻撃的なショットです。

1）カット

　カットは体を十分ひねり、高い位置から打つ瞬間（インパクトとい

う）ラケット面を内側に向けて、シャトルの外側をこすり落とすショットをいいます。ほとんどがフォアハンドカットを使います。理由はスマッシュやドロップやクリアーと同じフォームから打てるためフェイント（相手の想定外の球種を打つこと）効果が大きく、相手は何のショットかわからず守りの体勢をとるのが遅れるからです。特に相手コートの対角線に落とすクロスカットは得点力が大きくなります。

2）リバースカット

　リバース（反転、逆、反対などの意）の言葉通り、リバースカットはラケット面を外側に向け、シャトルの内側をこするようにして落とすショットをいいます。シャトルのこすり方がカットの逆になります。リバースカットによるクロスカットはカットと反対方向の対角線上に落とします。カットもリバースカットも打つ瞬間まで何のショットか相手にわからないようにしなければなりません。カットはフェイント

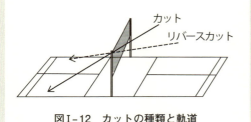

図Ⅰ-12　カットの種類と軌道

―ワンポイントアドバイス―
【カットについて】
打つ瞬間にラケットの面を打ちたい方向に向け、フォロースイングをしっかりする。

アドバイザー：今別府香里選手
出身県：奈良
所属：ヨネックス
活躍時期、大会、成績など：
2014年日本ランキングサーキット単準優勝、ヨネックスブラジルGP単準優勝、アメリカインターナショナル単優勝、2015年カナダGP単準優勝

第Ⅰ部　バドミントンの基礎　｜　29

に多く使われます。"スマッシュを打つぞ、打つぞ"と見せかけてお
いて相手を下がらせ、カットでネット際に落とすフェイントです。ク
リアーやドロップからも、同じようにカットでフェイントがかけられ
ます。フェイントをかけられた相手は、不意を突かれるので失点につ
ながることが多くなりますが、フェイントをかける選手も、ネットに
シャトルを引っ掛ける、シャトルが浮いてしまうなどのリスクが高く
なり、高度な技術が必要です。

9. サービス

　バドミントンは、テニスや卓球のようにサービスエース（相手のラ
ケットに当たらずに得点する）やサービスによる得点は難しい競技で
す。それはサービスに多くの制約が課せられているため、正しいサー
ビス（競技規則第9条サービス第1項「正しいサービスとは」を参照）
をしないとフォルトになるからです（**表I-1**フォルトの例参照）。む
しろサービス権を持っている側が不利だと思われています。したがっ
てサービスにより得点を得るのではなく、相手に攻撃をさせない、相
手のバランスを崩すことに主眼をおかなければなりません。サービス
ミスは絶対に避けるべきです。ラリーポイント制ではミスはそのまま

表I-1　サービスフォルトの例

①アバブザウエスト 　ウエストより高い位置で打つこと
②アバブザハンド 　打つ瞬間ラケットのヘッドが手首より上の位置になったとき
③足を床から浮かせる
④足を床の上を滑らせる
⑤シャトルのコルク部分を打たないで、羽根を打ったとき
⑥サーバーのラケットヘッド及びシャフトは、シャトルを打つ瞬間に下向きでなければ ならない。他

失点につながります。

1）サービスの種類

サーブにはショートサービス、ロングサービス、ドライブサービスがあり（図Ⅰ-13）、それぞれフォアハンドとバックハンドで行うことができるため6種類のサービスが可能になります。

①ショートサービス

ネットすれすれに飛ばし、ショートサービスラインぎりぎりに落とすサーブがショートサービスです。相手からの攻撃を防ぎ、相手のレシーブバランスを崩すのがねらいです。そのためサーブを浮かせない、甘くしない、コーナーぎりぎりに落とす、レシーバーのボディをねらうなどが要求されます。

②ロングサービス

より高く、より遠く、ロングサービスラインぎりぎりに落とすのがロングサービスです。ショートサービスと同じように相手の攻撃を防ぎ、レシーブバランスを崩すことがねらいですから、レシーバーの嫌がる場所（レシーバーが右利きであればセンターライン近く）に正確に落とすことが重要です。

③ドライブサービス

レシーバーの反応しにくいところ（ロングサービスライン近くでかつコーナーぎりぎり）に速いスピードと低い軌道でサーブするのがドライブサービスです。ショートサービスと見分けがつかないフォームでサービスすることがポイントになります。高度な技術が必要で、日

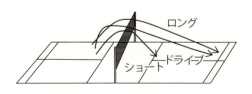

図Ⅰ-13　サービスの種類と軌道

頃からしっかり練習しておかないとミスが多くなるため実際の試合では使えません。

10.　レシーブ

　レシーブは守備全般をいいますが、一般的には攻撃的なショット（スマッシュやプッシュなど）を返球することをいいます。単に返球するだけでなく、返球により相手の体勢を崩し、攻撃のチャンスをつかめるように返球するのが優れたレシーブです。レシーブの良し悪しが、いかに早く有利な攻撃態勢へ移動できるかにつながります。

　レシーブは相手の攻撃内容により対応が異なります。代表的なレシーブを次の3つのカテゴリーから述べます。

1）サービスレシーブ

　サービスレシーブとは相手のサービスに対して返球するショットをいいます。相手のサービスは前述のように大きく分けると3つあります。ショートサービスとロングサービスとドライブサービスです。

①ショートサービスに対するレシーブ

　相手選手がネット近くに落とすサービスがショートサービスです。このショートサービスをレシーブするとき、第一にレシーブするときにとる位置をロングサービスにも対応できるようにします。第二はプッシュなど攻撃的レシーブをするため少し前傾姿勢に構えます。第三はラケットを上げ常に攻撃的なレシーブができる構えをとります（図I-14）。ただし相手サーブがよい場合は無理せずにネットぎりぎりに落とすようにします。第四は相手選手の取りにくい場所を攻め、プレッシャーをかけます。たとえば相手選手の取りにくいバックをねらう、相手コートのネットぎりぎりに落とす、などは効果があります。第五にフェイントを心がけておきます。フェイントは技術的に少し難しいのですが、シャトルの当たる直前にラケット面を変えるなど、意

表を突くレシーブ方法です。
②ロングサービスに対するレシーブ
　サービスによりシャトルをコートの奥に落とすのがロングサービスです。通常、レシーブするときはコートの前に構えているため、ロングサービスを打たれると、構えている位置から下がらなければ

図Ⅰ-14　攻撃的なレシーブの構え

なりません。シャトルの落下点に素早く入る必要があります。そのためにはフットワークの訓練が必要です。ロングサービスの返球にはスマッシュやドライブのような攻撃的なものも使われますが、無難な返球はクリアーで相手コートの奥まで飛ばすことです。
③ドライブサービスに対するレシーブ
　ドライブサーブはレシーバーの意表をついてくるサーブなのでレシーバーの体勢を崩しやすいのですが、失敗も多いので試合ではあまり多く使われません。多く使う選手を対戦前に戦略として把握しておき、対戦する場合は少し後方に構え、どの種類のサービスにも対応できる体勢で構えておく必要があります。

2）プッシュに対するレシーブ

　相手選手がプッシュ攻撃してきたときに返球するのがプッシュに対するレシーブです。プッシュは攻撃的なショットであるため返球が難しく日ごろから地道な練習が必要です。そのためのプッシュ＆レシーブ練習です。ここでのレシーブとは１つはコートの奥まで遠くに飛ばす返球です。２つは相手コートのネット際に落とす返球です。相手のネット際に落とすにはシャトルを浮かせないことが大事です。３つはネットぎりぎりに低く早いスピードで返球する方法です。そして４つは相手のいない場所にいかにして返球するかです。単に返球するのではなく次の攻撃につながるように返球することを心掛けなくてはなり

第Ⅰ部　バドミントンの基礎 | 33

ません。

3）スマッシュレシーブ

　スマッシュを打ち込まれたときに返球するショットをスマッシュレシーブといいます。レシーブの基本は他のレシーブと同じように、相手コートのネット際に落とすショートリターンと相手コートの奥まで飛ばすロングリターンと攻撃的に返球するドライブリターンがあります。ここではショートリターンとドライブリターンについて述べます。

①ショートリターン

　相手のスマッシュを返球するだけでも難しいのにそれを相手ネット際に落とすのはなおさら難しい。これを可能にするのは、瞬時の判断力と素早いフットワークによりシャトルを捉える運動能力です。スマッシュされたシャトルを少しでも時間的余裕をもって捉えられたら、相手ネット際に落とすことも可能になります。このショートリターンはシングルスでよく使われます。

②ドライブリターン

　相手スマッシュに対して十分な体勢でレシーブできる場合は、攻撃的なドライブリターンが効果的です。ドライブリターンはスピードがあるため、相手のいないコースをねらうことで一気に逆襲攻撃に移れます。ダブルスで相手前衛のわきを抜けるように強く打つレシーブとして使われます。

　ショートリターンもドライブリターンも守備範囲の広いバックハンドでレシーブすることを心がけるようにしてください。

第3章　フットワーク

1.　フットワークのポイント

　バドミントンのフットワークとはシャトルを捉えるための足の運び（ステップ）をいいます。試合中は、頭のなかで「前方フォア側のシャトルを捉えるのだから1歩目は利き足を小さく踏み出し、2歩目は反対側の足を出し、3歩目は利き足を大きくステップしてシャトルを捉えよう」などと考えながら行っていません。また、考えていてはできません。フットワークは何回も繰り返し練習を積み重ね、頭にたたき込み、体で覚えなければなりません。試合で自然にステップが出るようにするため、普段からしっかりとフットワークを練習し、シャトルを素早く捉える訓練が必要です。そのためには①素早く動く、②最短距離で動く、③効果的なステップを踏むことの3つを意識した反復練習がポイントになります。

2.　ホームポジションから動くこと

　試合中は相手のシャトルがどこに飛んでくるのかわからないので、長い距離を動く場合もあるし、短い距離で捉えられる場合もあります。このようにさまざまな状況で飛んでくるシャトルを最短で捉えるには、ホームポジション（コートの中心部かコート中心からやや後方（図Ⅰ-15））から動くとフットワーク全体としての距離が最短になります。シャトルを打った後、"必ずホームポジションに戻るこ

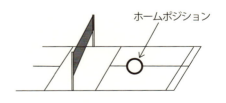

図Ⅰ-15　ホームポジションの位置

と"はこの理論からの所以です。シャトルを打ったらすぐにホームポジションに戻ること、戻る癖をつけること。これがポイントになります。

3. 効果的なリアクション・ステップ

　シャトルを捉えるため足を運ぶ方向は、前後左右斜めを組み合わせると360度あらゆる方向（図Ⅰ-16）があります。「この方向にはこのステップが正解」という決まりはありません。なぜなら同じ距離を動くにしても大人と子供では歩幅が違うため、大人の2歩のステップが子供では3歩のステップになる場合もあります。ただし、いずれの方向に動くとしても3〜5歩以内でシャトルを捉えるにはリアクション・ステップが効果的です。リアクション・ステップとは、相手が打つ前に軽く上にジャンプし、相手が打ったあとすぐにスタートしやすくする技術をさします。そして打った後は必ずホームポジションに戻ることです。フットワークの強化練習は第Ⅲ部第3章「フットワークの強化練習」でも述べます。

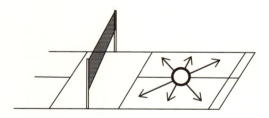

図Ⅰ-16　あらゆる方向のステップ

第4章　パターン練習

　あらかじめお互いの打法を決めておいて、シャトルを打ち合う方法をパターン練習といいます。フットワークの強化練習では、シャトルを素早く追いかける能力を身につけることを主眼としますが、パターン練習では、ショットを通じて「攻撃から守備へ」、「守備から攻撃へ」の切換えリズム感覚をつかむことに力点を置きます。フットワークの練習にもなります。図Ⅰ-17のような例がパターン練習の基本です。フットワークの強化練習は、第Ⅲ部第4章「パターン練習による強化」でも述べます。

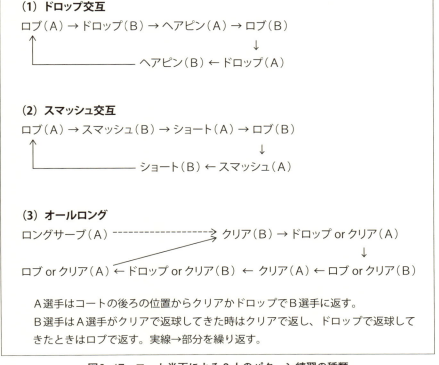

図Ⅰ-17　コート半面による2人のパターン練習の種類

【コート半面による2人のパターン練習】

　図I-18のようにコート半面を使い2人（A、B）で交互にステップ移動しながら図I-17の(1)〜(3)を時間で区切り、繰り返し練習します。

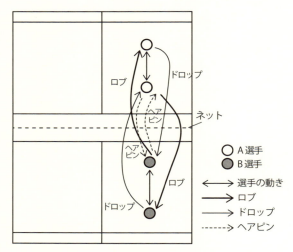

図I-18　2人によるパターン練習（ドロップ交互）

第5章 ノック

1. ノックとは

　ノックはレシーブや攻撃の練習に使います。ノッカー（フィーダーともいう）がシャトルを多く持ち（あるいは手元に置いておく）、シャトルを次々にトスし、トスされたシャトルを選手が打ち返す方法をとります。

　ノックの目的は攻撃力の向上、レシーブ力の向上、レシーブから攻撃への切替えスピードアップ、動きのスピード化、スタミナ向上、ステップの安定、フォームづくりなど多くの基本能力を鍛えることです。このため練習に多く取り入れられています。**図I-19**はノックによるバックハンド返球のイメージです。

　ノッカーが選手のバックハンド側にシャトルをトス（点線の矢印）したのを選手は矢印の①、②、③方向に遠くまでバックハンドで飛ばす

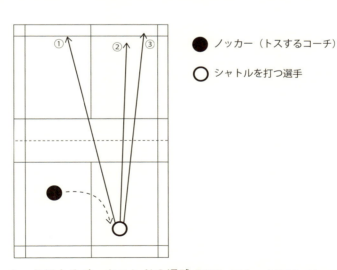

図I-19　ノックによるバックハンドの返球（出所：ヨネックス http://www.yonex.co.jp/badminton/pdf/shuttlecooks-manual.pdf より抜粋一部修正（2016年12月10日閲覧））

第I部　バドミントンの基礎 | 39

練習を繰り返します。バックハンドで遠くまで飛ばすこと、飛ばす方向にコントロールをつけることをねらいとして練習をします。

2. ノックの方法

　ノックによる練習方法は、ノッカーが手投げかラケット打ちか、台を使って高い位置から出すか否か、多くのシャトルを連続的に打ち出すか否か、シャトルのスピードを変えるかなどにより多くのノック方法が考えられます。

　また、ノックを受ける選手もスマッシュ、ヘアピン、ロブ、プッシュなど何のショットで返球するか、返球する位置をコートの前後左右どこにするか、1人で返球するのか、ダブルスを組んで返球するのか、など多くの返球方法が考えられます。ノックによる強化練習は第Ⅲ部第5章「ノックによる強化練習」でも述べます。

第Ⅱ部　シニア上級編
―全日本シニア選手権で勝つための練習法と心構え―

執筆　廣瀬勇夫

第1章　バドミントンとの出会い

第2章　バドミントン上達のための体力・健康管理法

第3章　私のバドミントン練習法

第4章　こだわりのサーブ・こだわりのレシーブ

第5章　バドミントンから得た教訓

第1章　バドミントンとの出会い

1.　私の主な戦績

　高齢化社会になり、健康維持のため全国でいろいろなスポーツが盛んになってきました。アウトドアのスポーツ、インドアのスポーツと数えきれないほどの種類があります。特にプールでの水中ウオーキングは膝への負荷が軽いとのことで利用者が多いと聞きます。私も高齢者の一人として、インドアスポーツのバドミントンをやっています。一緒に練習をしている仲間から、シニア向けにバドミントンの本を書いてみないかとの話がありました。

　私はバドミントンのトータル経験は長くなりましたが、技術もなく、ジュニア時代からやってきたのでもなく、若い頃から大会に出場した経験もありません。まったく素人の田舎の老人が書けるような内容はないのですが、70歳を過ぎた頃から大会の結果がでてきましたので、私のやってきた方法や考え方が参考になればと思い書くことにしました。

　表Ⅱ-1は、私の主なシニア大会の戦績です。私は全国的な規模で開催される3つのシニア大会（全日本シニアバドミントン選手権大会、全日本教職員バドミントン大会、ねんりんピックバドミントン交流大会）に出場することにしています。

　全日本シニアバドミントン選手権大会（以下、全日本シニア選手権）は、毎年11月に各都道府県持ち回りで開催される30歳以上〜75歳以上までの男女を5歳刻みに年齢分けして、単、複、混合試合を行うシニアバドミントン大会で、日本では最も規模が大きく、かつレベルの高い大会です。2014年愛知県大会の参加者は3000人超でした。

　全日本教職員バドミントン大会はインターハイ開催後の毎年8月に各都道府県持ち回りで開催される、全国の小学校から大学、専修学校、

表Ⅱ-1　筆者のシニア大会での戦績

	年度	大会名	年齢部門	戦績
全日本シニア選手権	2010	福岡大会	70歳の部	優勝（MD）
	2010	福岡大会	70歳の部	ベスト4（MS）
	2011	仙台大会	70歳の部	ベスト4（MD）
	2012	埼玉大会	70歳の部	ベスト4（MD）
	2012	埼玉大会	70歳の部	ベスト4（MS）
	2014	刈谷大会	70歳の部	優勝（MD）
	2016	東京大会	75歳の部	ベスト4（MS）
全日本教職員大会	2010	鹿児島大会	65歳の部	優勝（MD）
	2010	鹿児島大会	70歳の部	優勝（MS）
	2014	東京大会	70歳の部	2位（MD）
	2015	奈良大会	70歳の部	2位（MD）
	2016	鳥取大会	70歳の部	2位（MD）
ねんりんピック大会	2005	福岡大会	60歳の部	優勝（福岡T）
	2013	高知大会	70歳の部	優勝（V福岡）
国際試合	2008	モーニングカップ台北	60歳の部	優勝（MD）
	2012	マレーシア大会	70歳の部	2位（MD）

MD：男子ダブルス、MS：男子シングルス
福岡T：福岡とび梅チーム、V福岡：ヴィンテージ福岡チーム

各種学校の教職員とOBを対象とした50年以上の歴史のある大会です。2016年の鳥取大会は574名の参加者でした。

　ねんりんピックバドミントン交流大会は、毎年10月頃に各都道府県持ち回りで開催される大会で、60歳以上〜75歳以上まで5歳刻みの団体戦（3複：男女ダブルス、混合で行われる）です。バドミントンはねんりんピックの正式競技ではないのですが2014年から毎年交流大会として開催されており、150人前後の参加者規模です。

　国際大会では、アジアで開催された大会にこれまで2回ほど参加し、それなりの戦績を残しました。最近は開催国の治安なども考え、参加

第Ⅱ部　シニア上級編　｜　43

していません。

　表Ⅱ-1からわかるように三つの大会とも私が70歳を過ぎてから「70歳の部」で結果を残せるようになってきました。2014年愛知県の刈谷市で行われた全日本シニア選手権「70歳の部」で優勝したときは私が74歳、パートナーが72歳でした（図Ⅱ-1参照）。

第31回全日本シニア選手権
男子ダブルス優勝　筆者：写真右

左記選手権大会（愛知県刈谷大会）の1コマ（ガイシ会場）

図Ⅱ-1：2014年第31回全日本シニア選手権での優勝記念写真

2. 出会いは学生時代

　私は学生の頃は空手をやっていましたが、隣のコートでバドミントン部が練習していましたので、ラケットを借りて空手衣のままバドミントン部の邪魔をしていました。

　教職に就き、数校転勤した後、中学校でバドミントン部活動設置の要請があり、ラケットを持った経験があるとのことで、部の顧問を依頼されました。生徒たちは現にジュニアで練習を重ねているので、当然私より強く練習相手になりません。これでは部員に申し訳ないと思い、町でやっている社会人の練習に参加することを決心しました。

　学校の勤務と部活動を終えた後、家に帰らず外食して夜の練習に参加し、帰宅はいつも夜の10時を過ぎていました。

　ジュニアコーチの河野氏（福岡県遠賀郡芦屋町在住）からノックを受け、コート内を走りまわる日々が続きました。

まず、「羽の下まで走れ」、「止まって打て」、「レシーブが悪い」の連発、帰宅したときにはくたくたでした。この中学校には8年勤務したので、後半には生徒の練習相手にも指導にも自信がついてきました。河野氏に感謝しています。

3. 50歳代は負けてばかり

50歳を過ぎてからは町や近郊の試合にも参加し、県の社会人大会にも参加し始めました。しかし、入賞は厳しくいつも負けてばかりでした。ラリーは続き勝っているように見えますが、結果はいつも負けていました。

当時は今のようにラリーポイント制ではなく、15点、3ゲームでサーバー側に2回のサーブ権があり（ダブルスの場合）サーバー側が勝たないとポイントにならず、負ければサーブ権が相手側に移動するだけというルールでした。レシーブ力はついてきたのですが、攻撃の技術が不足していました。

60歳で退職した後、県の社会福祉事務所で3年間働いたのち時間に余裕ができたので、ゴルフの打ちっ放しだけでなく、バドミントンにも取り組もうと決意し、福岡県岡垣町にある「カトレアクラブ」に入部しました。ここで、ときどき池田明男コーチ（本書第III部の執筆者でカトレアクラブのコーチ）のノックを受けるチャンスができました。

健康維持が目標であれば、無理せず穏やかにやることが大切でしょう。しかし、やるからには楽しくだけでは満足できない人もいます。人には個人差があり、闘争心も違います。チャレンジスピリットのある人は是非この「シニア上級編」をご一読下さい。私は素人ですから高いレベルの説明はできませんが、バドミントンへの取り組みの意欲は負けていないつもりです。参考になるところがあれば幸いです。

第II部　シニア上級編 | 45

4. 全力で取り組めばやるべきことが見えてくる

　私が本格的にバドミントンに向き合い始めたのは63歳過ぎからです。バドミントンをやると決めたら、まず1年間は全力を傾注することです。60歳を過ぎてからの体力の維持や取り組みの方法・姿勢は後述します。やり抜く強い意志があれば、必ず何を成すべきかが見えてきます。次は3年を目標に取り組む（石の上にも3年）。その頃には試合出場も可能になり、勝負が決まればさらに次の試合への意欲もわいてきます。勝ったときの喜び、負けたときの悔しさはどれだけ努力してきたかに比例して心に響くものです。次は、自分の体調と相談しながら2年、3年と自分でスパンを決めてチャレンジをすることです。この頃には自分の健康管理への関心も高まり、規則正しい日々の生活が確立されていることでしょう。

　やがて好敵手が現れ、多くの選手と知り合いになり、声をかけられたりすると向上意欲は最高潮に達します。もちろん信頼おけるパートナーや練習仲間もできているでしょう。あと何年続けられるかわからないので常に前を向き、次年度の試合を意識してどんどん前進していくのです。周りの人からも羨望の目差しで見られるでしょう。こうした積み重ねが自信になり、高齢者でもエネルギッシュな毎日を送れると信じています。

5. 全日本シニア選手権に向けて

1）全日本シニア選手権と私

　全日本シニア選手権は全国各地の30歳以上の選手が出場する大会です。

　2016年は第33回の大会が開催されました。私がこの大会に出場し始めたのは、65歳になってからです。76歳の今まで毎年ではないにしても出場してきました。第33回の東京大会（八王子総合体育館を

中心に9会場で行われた）のように多くの会場を使用して、1会場24コートもあるような空調施設のある大会場で試合が行われます。参加者も3000人を超える大規模な大会です。

2）まだまだ進化したい—2016年度の戦績を顧みて

　昨年（2015年）は胸の打撲で十分な練習ができずに、不本意な成績に終わりました。過去にダブルスでは2回の優勝があるものの、シングルスはベスト4が最高の成績でした。誰の力も借りず、自分の力だけで、即ちシングルスで日本一をゲットすることが私の目標です。しかし、目標達成には多くの課題があります。

　まず、シングルスの基本であるサーブやハイクリアーをバックバウンダリーラインまで深く飛ばし、垂直に落ちてくるようなシャトルが打てないことです。このほかにも、ドリブンクリアーとハイクリアーの打ち分け、シャープなドロップショット、クロスのヘアピン等々克服すべき課題はたくさん残されています。あるとき、新聞に山口茜選手のハイクリアーのフォームが載っていました。右足でしっかり蹴ることにヒントを得て、さっそく蹴りを意識して打つことにしました。サーブはダブルス同様に大切です。1人で練習できるので、コートの空いている時間を見つけ、深く高いロングサーブの練習をしてきました。こうした練習により、以前より確実に前進してきたと思っています。

　次にシングルス練習の機会が少ないことです。私が所属するクラブのひとつ、「カトレア」ではみなさんの好意により、ときどき2対1をやってもらっています。もうひとつの所属クラブ「ヴィンテージ福岡」では月2回、2試合程度の練習です。夏以降はシングルスの可能なクラブに週1回参加することにしました。当初は10点程度しか取れなかった相手にも、回を重ねるごとに21点取れるようになってきました。シングルスの練習が増えたことと、意識してやってきた練習の成果だと思っています。

第Ⅱ部　シニア上級編　｜ 47

さて、今回（2016年）の全日本シニア選手権75歳の部では1回戦21-4、21-4、2回戦は第2シードの選手でしたが21-7、21-13と予想以上の快勝、3回戦は21-5、21-10と、どの試合もほとんどサーブとクリアで勝ち進み、最終日の準決勝に残ることができました。いよいよ準決勝戦、相手は70歳の部での優勝経験者で、今年75歳の部に上がってきた強敵です。ゲーム開始後はサーブとクリアで得点を重ね、5点以上の差をつけてリードできたのです。しかし、18点で並ばれ相手のテクニックについて行けず、19-21、14-21でまたしてもベスト4に終わりました。

　来年はドロップやヘアピンを取得し、再度シングルスのチャンピオンをねらう覚悟です。今回も厚い壁をブレイクスルー（突破）できませんでしたが、まだまだ進化できると信じています。来年こそは日本一を…。

COFFEE BREAK

こんな時代も…

　田舎で育った私にとっては、現在はまさに夢のような世界です。昭和14年生まれですから戦中戦後の生活、今では考えられない子供時代でした。郷里は大刀洗飛行場があり、飛行機の操縦練習をする通称「赤トンボ」（下図左）という練習機が飛んでいました。終戦が近くなると無数の敵飛行機が昼夜飛んで来て爆弾を投下しました。ある日、飛行場は真赤な炎で燃えあがりました。

　当時は満足な食べ物もなく、子どもたちが採る川魚は貴重な蛋白源でした。友達3人で魚取りに行き敵機にねらわれました。敵機が来たら"地面に伏せる"が習慣になっていました。ちょうど魚を取っているとき、遠くに見えていた飛行機が方向を変えて低空で急接近してきました。私たちは川のなかに身を伏せました。上空を通過した瞬間無数の銃弾が打ち込まれ、手、足、身体のすぐ横で「プス！プス！プス！」と銃弾の音がして、飛行機は乾いたエンジン音を残して上昇していきました。

　終戦後飛行場に遊びに行くと焼け焦げた赤トンボの姿が無残でした。滑走路は大きな爆弾穴ばかりで、コンクリートと一緒に鉄骨がむき出しでした。鉄くずを拾って換金し、駄菓子を買うのが楽しみの子ども時代でした。

　こんな時代、こんな環境のなかで、バドミントン競技など知る機会もありませんでした。大学生になって初めてシャトルを打ちましたが、当時のラケットは木製で、ラケットがそらないようにフレームで固定していて（下図右）、これを持ち歩く学生がクールに見えました。

　中学校でバドミントンの顧問になってからは、試合や練習で生徒たちの使うガットの修理が大変でした。当時は切れたガットを部分的に補修して使っていたので、休み時間はいつもガットの修理でした。

練習飛行機「赤トンボ」

木製ラケット（1970年代頃まで）
ラケットが曲がらないようにプレス（固定枠）で保護した。(http://www.eonet.ne.jp/~toshiaki/ のバドミントン・ラケット・コレクションより）

第2章　バドミントン上達のための体力・健康管理法

　私はバドミントン上達のために常に心に留めている言葉（座右の銘：自分の心に戒めや励みとしている格言）があります。この座右の銘を３つ紹介します。その後に体力維持、健康管理のために「何を」、「どのように」実践しているかを書いてみます。

1.　座右の銘

1）言い訳はなし、上達方法を考え、そして試す

　「何事にも一生懸命な人には知恵がでる。中途半端な人には愚痴がでる。いい加減な人には言い訳がでる」（ゴルフ練習場で見つけた言葉）。

　試合に出たら勝ちたい、誰もが願うことです。しかしすべての試合に勝利することは難しい。負けたとき、「飛びの悪いシャトルだった」、「バックが白くてシャトルが見えにくい」、「電球の光が目に入った」などはすべて言い訳であり、愚痴であると私は解釈することにしています。本人の努力不足と解釈しています。

　ゴルフ練習場で１球１球考えながら集中して打っていると「あ！これだ!!」が発見できます。ゴルフ打法を一生懸命考えると何かつかめる感じです。

　これと同じように、バドミントンのことを一生懸命考えていると「あ、これかな？」と思うことがあります。それを練習のときに試してみます。もちろんそれだけで上達するわけではありませんが、練習日が待ち遠しくなります。私は練習に行くときは常に課題を決め、試してみることにしています（コートに入ったら忘れることも多いですけど）。上級者のラケットワーク、攻撃ポイント、フォームをまねることも重要です。リオオリンピックの奥原希望選手、山口茜選手の試

合もスマホに録画し、暇があれば見てイメージをつくります。

2)　努力に勝るものはない

　「才能は有限、努力は無限」とは、トップレベルゴルファー松山英樹選手の言葉です。

　私の運動神経は粗末です。才能もない。これをラッキーと考えています。だから強くなるには努力以外にない。努力は自分の意思で決定できます。絶対にやり抜く意識を持ち続ければ、ある程度までにはなれます。それが、試合におけるメンタル的な強さに繋がると私は解釈しています。自分が決意したことを親友などにも公言しておくと自分の励みにもなります。不言実行ならぬ有言実行です。

3)　「高原」克服は初心に返り考え抜くこと

　「うまくなるには、上手な人のフォームを真似するのが早い」とよく言われます。これは、ゴルフ、バドミントンにも適用できると思います。これが身につけばある程度までは上達するでしょう。

　しかし、スポーツには「高原（プラトー現象：伸び悩み現象）」が必ずあります。伸び悩みが来るのです。こんなとき、初心に返り真剣に一生懸命にバドミントンのことを考えていくと何かが見えてきます。そしてそこを乗り越えたとき一歩前進しているはずです。前進の結果はクラブ内の練習や各試合で試すことができます。

2.　体力維持

1)　毎朝起床時運動

　私は7時ごろ目が覚めるとすぐ蒲団の上で運動を始めます。まず開脚30回連続、両足が開くまで一杯に開くと、股関節の音が聴こえます。次に柔道でやっていた踵の蹴り上げ100回、足の踵で天を突くように力いっぱい突き上げます。前日の練習が激しいときは、このとき膝関

第Ⅱ部　シニア上級編　| 51

節から音が出ても脚に痛みを感じず、やがて音が出なくなります。

　次に腹筋100回、当初は30回程度でしたが、次第に増やして今では100回を、膝を立てて頭の後部で手を組み、腰に負担がかからないように注意してやっています。最後は腕立て伏せ50回です。膝をつけてやっていますが、腕力が弱く40回目からが厳しいです。これも20回、30回と徐々に増やしてきました。全体が終わるのに10分から13分程度です。

　継続することが大切ですから、最初から無理をしないことです。できる範囲で始めて毎日やっていれば、1カ月ぐらいには回数を増やしても何の抵抗もありません。

　体を動かし、腹も動かしているので、起床したらすぐにトイレに行けて、すっきりした気分で朝食につけます。

　私は小さいころから内臓が強かったのか、腹痛、病気などをした記憶がほとんどないくらいなので、今でも目が覚めたらすぐ朝食をおいしく食べられます。

　起床時の運動で腰や関節などに局部的に痛みを感じた場合には、当日の練習メニューや翌日の日程などを調節することができ、毎日の健康管理のバロメーターになっています。

2）スロージョギング

　70歳を過ぎると持久力が急激に衰えてくるのを実感します。全日本シニア選手権で決勝まで進むには1日で3試合のトーナメントをすべて勝たねばなりません。準決勝戦は3日目ですが、シングルスとダブルスで残れば1日で4試合となり、それも40分ごとの連続になり、高齢者にとっては体力の限界です。

　3回戦までを2対1で勝ち進めば21点ゲームを9回したことになります。2対0で勝てば6回です。シードから上がってきた相手と当れば、トータルの試合数にさらに差がつき一段と厳しい試合が予想されます。これに備えて持久力を目標にスロージョギングをしています。

週1〜2回はきっちり40分間走ります。以前はがむしゃらに30分間走って呼吸ができないくらいの状態で終えていましたが、次に走るときは相当の勇気が必要で容易に走る気になれず、回数が激減して走るのが苦になっていました。しかし、福岡大学の田中宏暁教授の「スロージョギング」を読み、走り方を変えました。「今日も軽く走るぞ!!」の気持ちで家を飛び出せます。走っているときは試合をイメージしています。シングルスの場合は、サーブして相手が右にドロップしてきたら、左にクロスヘアピンを、クリアがきたら再度クリアで相手を深く追い込み、次にドロップを打つなど、イメージしながら走っていると40分間もあっという間です。

　走った後はコートをイメージして軽くフットワークをやり、呼吸を整え整理体操をします。その後は入浴し、足を軽くマッサージし、足の各指間に手の指を入れて足指間をしっかり広げます。足指のグリップ力のアップです。冬は手袋、夏はタオルを手に巻いて夕方5時過ぎ、給水して、ガムを噛みながら走ります（ガムは唾液の分泌がよくなります）。

3）ゴルフの練習

　私は、バドミントンでは右側の肩、腕、手首、足と右半分を主体的に使うので人体の均衡が壊れやすくなると考えています。したがって、左半身を軸にするゴルフ練習を取り入れています。

　ゴルフ練習場での球打ちは100球、1時間かけて打ちます。素振りを繰り返し、方向性、打点、バランスを確認した後、全神経を集中して打ちます。ゴルフコースに出るのは月1回程度です。バドミントンの練習と重なるときは2カ月に1回のときもあります。それでも平均スコアは85前後で納得しています。コースでは1球に集中するので、集中力（コンセントレーション）が高まります。また自分の間合で打てるので、バドミントンのサーブのとき安定したサーブにつながります。ゴルフボールの白球を遠くまで見ることにより（200ヤード以上）

遠望訓練ができ、視力維持の効果が大きいと勝手に解釈しています。

3. 健康管理

1) 食事

　私が76歳まで大病もせず、60歳以降は毎年バドミントン大会に出場できているのは、毎回の食事が待ち遠しいくらい健康でいられるからだと思っています。

　学生の頃、福岡市の百道海水浴場から志賀島まで博多湾を横断する遠泳大会に出場しました。このとき、肝臓を傷め病院に行きました。そして昨年の台風による胸の打撲、その後は風邪をひいて練習を一度休んだ程度で、極めて健康な状態が続きこの年齢になりました。健康の基盤は食事だと思いますので私の食事の定番を紹介します。

　祖母の時代から朝食は毎回みそ汁が主体でした。それも "ご汁" です。大豆を水につけておき、毎朝大豆を潰してみそ汁に入れるのです。母の時代も続き、今も同じご汁が朝食の定番です。何十年食してきても飽きることがありません（図Ⅱ-2）。

　私は6歳が終戦の年で、田舎では食べ物が不足していたので、家でとれた大豆を持って行き、豆腐やおから（豆腐の粕）に換えてもらい食べていました。またゴマが大好きで、今も何でも擦りゴマをかけて食べています。

　もう一つの定番はネバネバ物です。夏は家でとれたオクラ、秋になると庭先の山芋をよく食べています。それ以外の季節は納豆、メカブ、コンブ等です。これらがあれば、もう一杯食べたくなるぐらい大好きな副食品です。

　朝は起床時に運動をして、トイレを済ませているので、すぐにでも朝食がとれます。練習が昼からのときは、昼食はご飯が主体ですが、パスタもカロリーが高いとのことでときどき食べています。練習が昼食と重なるときは、おにぎり、バナナ、パンなどを持参します。

大豆と白みそでつくった「ご汁」　　筆者が家庭菜園をしている里イモとオクラ

図Ⅱ-2　筆者が若い頃から食事に摂っているみそ汁と野菜類

　私は練習中にすぐ空腹になりやすく、空腹を感じると途端に動きが鈍くなり、集中力を欠いてしまいます。そんなときはサプリメントやバナナでチャージしています。家にいても間食はほとんどしないので、夕方になると空腹になり夜の食事が待ち遠しいのです。

　田舎では畑の野菜が主役でしたから、里芋、ゴボウ、大根、ニンジン等の煮物が多かったのですが、その習慣は今も続いています。魚も食べますが、肉のほうが好きです。夜のネバネバ食は納豆がよいようです。毎回「13品目、13品目」といいながら食事の準備をしてくれる妻に感謝しています。夜は体重計に乗りますが、身長165cm、体重56〜58kg、体脂肪率15〜17%、何十年も変化しない値です。

2）睡眠

　睡眠は私にとって最大の生活バロメーターです。睡眠が不足するとすべてが駄目になる感じです。だから睡眠にはいつも気をつけています。通常の生活では夜9時を過ぎると、どんな面白いテレビを見ていても読書をしていても欠伸が出始めます。特にTVの映画、ドラマ、スポーツ番組などは後半になるとコマーシャルが多くなります。そうするともう駄目です。どんな番組も耐えることができません。すぐ床につきます。11時まで起きていることは苦痛です。朝は5時頃トイレに行き、その後7時過ぎに目が覚めます。この2時間が私にとっては最も大切な睡眠時間帯です。習慣とは恐ろしいもので2時間布団の

なかで何することもなく寝そべっているだけで今日一日の調子がよく、逆にこの時間がとれないと体調が優れないのです。

　月1回のゴルフの朝は5時頃起床するため、この大切な時間が取れず、頭がスッキリしないままコースを廻ります。午後のプレーになると集中力を完全に喪失して、目の周囲が痛くなり、生欠伸の連発です。バドミントン大会は準決勝、決勝と進めば連泊になります。睡眠不足は最大の敵です。以前、同泊者の非常識な行為で睡眠不足の経験があるので、耳栓、アイマスクは大会時の必須アイテムになっています。

4.　体力維持・健康管理のための記録簿

　私は福岡県後期高齢者医療広域連合、長寿健康増進事業「健康長寿ダイアリー」を毎日記録しています。昇地三郎先生の「107歳 十大習慣健康法」には①笑顔、②ユーモア、③冷水摩擦、④語学講座、⑤新聞を読むなど10項目があって毎日○△×で表示し、点数化する表になっています。私は自分で決めた健康法を昇地先生の健康法に加えて「記録簿」（**表Ⅱ-2**）を作成し、記入することにしています。内容は①起床時、②暗記、③読書、④バドミントン、⑤ゴルフ、⑥走りです。①～⑥の行う内容は次のようになっています。

①起床時：足の蹴り上げ等、毎朝起床時に行う運動

②暗記

・英文の暗記例

ア）The Spider's Thread（クモの糸）芥川龍之介著
　　One fine morning in paradise ～から始まり In paradise, it was almost moon. で終わる。

イ）Competitive Industrial Development（工業発展の競争）

などを3分程度の英文を暗記し、年2～3回プレゼンテーション（発表）をします。

• 日本文学書の暗記例

　読書した冒頭から 5 〜 6 行目の句読点までを原文で覚える。現在
40 冊できています。

　　ア）吾輩は猫である（夏目漱石）

　　　吾輩は猫である。名前はまだ無い。どこで生まれたかとんと見
　　当がつかぬ。……吾輩はここで、始めて人間というものを見た。

　　イ）杜子春（芥川龍之介）

　　　或春の日暮です。　……その日の暮らしにも困る位、憐な身分。

③読書：著名人の文学書、小説、本屋大賞等、新聞 1 時間

④バドミントン：その日の練習や試合内容を一言

⑤ゴルフ：打ちっ放しは〇印、コースのときはスコア記入

⑥走り：その日 40 分走ったなら〇（原則、週に 1、2 回）

　記録簿は、極めて簡単な記録なので続いています。励みにもなりま
す。原文のままの暗記は脳を活性化することができます。皆さんも是
非試してみてはいかがですか。

表Ⅱ-2　私の記録簿

No.	健康法	月	火	水	木	備考
1	笑顔	×	△	△	〇	昇地先生の健康法
2	ユーモア	〇	△	△	△	
・・		・・	・・	・・	・・	
10	冷水摩擦	×	×	×	×	
1	起床時	〇	〇	〇	〇	私の記録簿
2	暗記	〇	△	△	△	
3	読書	〇	〇	×	◎	◎完読
4	バドミントン	×	〇	〇	×	
5	ゴルフ	×	△	82	△	スコア 82
6	走り	〇	×	〇	×	

〇：予定がすべて達成　△：やや不満　×：未達成（やっていない）

第Ⅱ部　シニア上級編 | 57

COFFEE ☕ BREAK

発想の転換が必要

　国も高齢者医療費削減のため、スポーツの振興を図っています。病院で痛い注射をするより、スポーツで健康な汗を流すほうが楽しくありませんか？

　高齢者には「キョウヨウとキョウイク」が必要といわれます。「え！教養！」、いいえ「教養や教育」ではなく「今日用がある」、「今日行く所がある」なのです。

　バドミントンを始めれば、今日行く所ができ、今日やることがあるのです。もうひとつ大事なことは脳を鍛えることだと思います。いかに健康寿命を延伸するかは重要ですが（シニア初級編参照）、国が執っている政策は体を鍛えることばかりです。どこに行っても「健康教室」が目につきます。今後、健康高齢者が増産されるでしょう。でも健康体だけでは危ない現象が出てくると思うのです。

　「君みたいな老人が増えると、大変なことになる」と言われました。足腰の頑丈な老人が徘徊を始めると、誰もついていけない。それは大変な高齢化社会現象です。健康な脳があり、健全な体があって初めて健康な高齢化社会、健康寿命の延伸だと思います。そんな意味からも、私は記録簿（前述）で書いたように頭脳の鍛錬を試みているのです。

　バドミントンの試合や練習にしても、少しでもフレッシュな脳のフィーリングで取り組んだほうがいい結果を得られるような気がします。

　私は 2017 年 10 月で 78 歳になります。あと何年できるかわかりませんが、今まで通り脳と体とを鍛えながらやっていきたいと思っています。それで PPK（ピンピンコロリ）なら最高です。

第3章　私のバドミントン練習法

　ルーティンという言葉があります。スポーツの場合、ある練習メニューを日常的に繰り返し行うことをいいます。ルーティンを行うことで技術向上にエネルギーを費やせるだけでなく、集中力を高めたり、モチベーションを高めたりする効果があります。

1.　私のルーティン

　私は2つのバドミントンクラブ（カトレアクラブ：福岡県遠賀郡岡垣町に所在、ヴィンテージ福岡：福岡県福岡市に所在）に所属し、週3回定期的に練習しています。このほかに私の住んでいる地域近郊で練習することもあります。練習以外には私の記録簿（57ページの**表Ⅱ-2**）の1〜6を実行しています。

　この章では、最初にルーティンの重要性が年齢を重ねるごとに大事になることを述べます。

　次にカトレアクラブでの練習方法とヴィンテージ福岡での練習方法を少し詳しく述べることにします。

2.　ルーティンの重要性

　日常的にバドミントンの練習メニューを繰り返すことや、決まった生活パターンが身につくと、あとは実行することがそれほど苦になりません。むしろパターン通りにならないほうが苦になります。

　大会は4月1日の年齢でエントリーしますから、10月生まれの私は同じ年齢の4月生まれの人より6カ月高齢になります。60歳までは感じなかったこの半年の年齢差が70歳を超えると大きな負担になるのです。この体力差を少しでも縮小するには、日々のルーティンで

第Ⅱ部　シニア上級編 | 59

補完することが大切です。

　各大会での結果が出たら、勝っても負けても次の大会の練習開始日と考えています。勝てば長所を継続せねばならないし、負ければ弱点の克服が次の大会に向けた課題となります。特に70歳を過ぎると「ドッグエイジ」と考えています。犬は人間の7倍の速さで歳をとると言われています。60歳代と比較して、体力、視力、反射能力、筋力、回復力のすべての面で7倍の速さで退化していくように感じます。私はいかに退化を少しでも遅らせるか、いかに今の状況を維持し続けることができるかは、その人の日々のルーティンにかかっていると考えています。

3.　カトレアクラブでの練習

　カトレアクラブの練習ルーティンで私なりに考え、工夫して練習している方法を述べます。

1）ウォーミングアップ
①準備体操
　他の練習会場に行っても、カトレアのようにみんなを待って準備体操始めるところはあまり見かけません。みんなシャトルを打ちたい気持ちで個々人が適当にやっているようです。やはりウォーミングアップは怪我防止からも必要と思います。
②ランニング
　ランニングは3分間あるのですが、私はネットを張り終わって、みんなが集まるまで個人的に1人で走っています。もちろん、あとの3分間も走りますが、ラケットを振りながら走ります。手首が硬いので柔らかくするのが目的です。
③フットワーク
　最近はシングルスゲームのイメージをしてコートに入ります。高く

深いサーブをイメージしてロングサービスをし、相手の返球を想定してフットワークする、コート対面で仲間がしていたら相手の動きを見る練習をしています。私は試合中相手を見るのが苦手ですから。

2）基礎打ち

次の①〜⑤は2人による基礎打ちです。2分間ずつ攻守を変えて練習しています。私がこの基礎打ちで心がけていることを述べます。

① **ロブとドロップ**：ロブを上げるとき、私は人より深めに守って自分に負荷を多くかけるように試みています。バックバウンダリーライン（図Ⅱ-3参照）までしっかり上げます。ただし、バックアウトに注意。

ドロップは手首で軟かく、速いドロップ、遅いドロップを打ち、ときどきリバースドロップを織り交ぜます。ネットぎりぎりの間隔をつかむためです。

② **ドライブ**：イースタングリップで常に顔より前でシャトルが見える位置でインパクトします。高い位置で打ち、ネットに掛けないようにします。私は、まだまだスナップが効いていません。

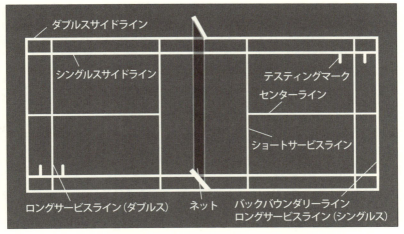

図Ⅱ-3　バドミントンコート各ラインの呼称

③**プッシュとレシーブ**：苦手なプッシュです。ラケットを上げ、一歩前に出てスナップを利かせます。

　レシーブはサムアップ（親指を立てて握る）によりネットの白帯をねらってシャトルが浮かないようにしています。

④**スマッシュとレシーブ**：スマッシュはスナップ、右足で蹴り体重を乗せます。

　レシーブは返球が浅くならないように、右サイドもバックのグリップで深く返球します。

⑤**ヘアピン**：高い位置で取るようにします。私はクロスが苦手なのでクロスヘアピンに重点を置いています。

⑥**ハイクリアー**：相手の打ったシャトルのイン、アウトのジャッジ、右足を蹴って体重移動、特にシングルスは高く深く打ち、アウトを打たないようにします。がむしゃらに打つのではなく、いい音が出るように心がけています。

3）基礎打ち応用

　より実践的なメニューを取り入れていますので参考になればと思います。

①バックを徹底的に鍛える

　相手コートはトップ＆バックになり、バックの選手を鍛えます。こちら側も2人で対応します。最初の1分間はバック側がドロップやスマッシュを打ち、レシーブ側はそれをランダムにあげてやります。

　次の1分間はレシーブ側がハーフにも返球し、バック側を動かします。トップ側はカットできるのはカットします。このパターンを順次ローテーションしていきます。

②トップを徹底的に鍛える

　相手コートはトップ＆バックになり、前衛であるトップの選手を鍛えます。レシーブ側が前衛にシャトルを出し、前衛はこれをプッシュ、カット、ヘアピン等で返球します。後衛は前衛の動きで位置を変え、

トップ＆バックの攻撃態勢　　　　　　　　サイドbyサイドの守備態勢
図Ⅱ-4　攻撃から守備へのローテーション

カバーします。トップ側は常にラケットを上げ、すばやく対応します。
　私は前衛が苦手で、すぐ後ろにさがる癖があるので、最もよい訓練方法だと思っています。
③ **トップとバックの両方を鍛える**
　相手コートはトップ＆バックで攻撃態勢をとるが、トップとバックの両方を鍛えるため相手コートの前後左右にシャトルを散らし、前衛にプッシュ、カット、ヘアピン等で返球させたり、後衛にスマッシュ、ドロップ、ドライブで返球させたりします。より実践的な練習です。

4) ローテーション
① **ドロップ交互**
　2対2でコートに入り、ロングサーブで始める。ロングで上げた側は攻撃に備えすぐサイドbyサイドの守備態勢をとります（**図Ⅱ-4写真右**）。上がってきたシャトルはトップ＆バックの攻撃的態勢をとり（**図Ⅱ-4写真左**）確実なドロップで攻撃します。ドロップされたシャトルはクロスを混えたヘアピンで相手コートに返したり、相手側奥深くまでロブを上げます。また相手にシャトルを上げさせてサイドbyサイドの守備態勢からトップ＆バックの攻撃態勢に入れ替わるローテーションの練習です。
② **スマッシュ交互**

①のドロップ交互であがってきたシャトルをドロップで攻撃するのではなく、スマッシュで攻撃するのがスマッシュ交互です。守備態勢、攻撃態勢のとり方、入れ替わり方、ヘアピンの返し方、ロブの上げ方などは①とまったく同じ方法をとります。

③攻撃的レシーブ交互

①の攻撃的ドロップをヘアピンで返す、あるいは②の攻撃的なスマッシュをヘアピンで返すばかりではなく、レシーブ側は切り替えし（ハーフ、ヘアピンも）を混えて返球します。つまり、厳しい返球です。返球により相手側に上げさせ攻撃が入れ替わります。常に攻撃態勢を作り上げることに重点を置く、より試合に近づいた練習です。

基本は攻撃態勢を早く作り、上げたら守りのサイド by サイド、上がってきたら攻撃のトップ＆バック態勢を体得することです。この練習でも私は他の人より1分多い3分間の練習をさせてもらっています。理解ある優しいクラブのみなさんに感謝しています。

5）より実践的な練習

①ミス抜き

1コートを6人前後で使います。ダブルスの試合形式で練習するため4人がコートに入り、2人がコートの外で待機します。1人が2本ミスした場合に待機していた人と入れ替わる練習方法です。基礎打ちで練習した技術がどれだけ出せるかが課題で、ミスを気にせず、自分を試す絶好のチャンスです。

②試合形式の練習

クラブ内での試合は対外試合で勝つための練習ですから、私は試合に勝つことよりも自分の弱点を克服することを大切にしています。

試合中ロングサーブを多くするときがあります。大会で成功するための練習です。コートの広さが体でわかっていないため、アウトのシャトルを打つジャッジミスを改善したいためです。試したいことが多くあるのですが、試合になると忘れるのが欠点です。上級者から適切な

アドバイスがあればもっと効果的な練習になると思います。

③池田コーチによる特訓

　池田コーチはオリンピック選手を育てる名コーチで、実力あるジュニア選手を多く指導され、毎年全国大会で活躍しています。

　池田コーチはジュニアの毎日の練習や大会の準備で多忙なため、指導を受ける日は極めて少ないのですが、ときどき個人的に指導を受けることがありました。

　練習はノックによる特訓が主です。ノックしたコーチに必ず返球する方法です。一点返球の練習は10分程度ですが、大変ハードです。理論と実践が合致しているので、納得して練習することができます。あと一歩踏み込めば取れる絶妙なタイミングでシャトルが出てきます。10分もしたらへとへとになります。極めて効率の高い練習で、守備力が大きく向上しました。コーチのラケットワークも大変勉強になり、感謝の気持ちで一杯です。

4.　ヴィンテージ福岡での練習

1）ヴィンテージ福岡の紹介

　ヴィンテージ福岡での練習は主に福岡市民体育館を使用していますが、年々使用者が増えて最近では確保が困難になり、市内の各会場に移動して練習しています。当初は60歳以上の男子数名で、「ヤングマン」というクラブ名でした。現在は56歳から77歳（私が最高齢）まで男女30名の部員で月2回、3時間の練習をしています。今はクラブ名をヤングマンから「ヴィンテージ福岡」に変えています。ヴィン

表Ⅱ-3　ヴィンテージ命名の由来

Vintage Wine	年月をかけて熟成されたワイン
Vintage Car	過去に生産された品質の高い車
Vintage Jeans	過去に発売された名作ジーンズ

第Ⅱ部　シニア上級編 | 65

テージとは**表Ⅱ-3**のように使われる言葉で、この言葉にふさわしい集団と考え、私の提案で「ヴィンテージ福岡」のクラブ名として11年になりました。

　メンバーは福岡市内の人が主体ですが、ビジターとして県内遠方からの参加者もあります。私も車で1時間以上かけて参加しています。50歳代のビジターがあったときは、部員に活気があふれてゲームが白熱します。

　ヴィンテージ福岡の会計は輪番制としています。会場の確保、シャトル係は相互に協力し合いながら行っています。また大所帯で仕事量の多い事務局は有志により支えられています。今は60歳になる一木氏（ヴィンテージ福岡の代表者）が大庭氏（ヴィンテージ福岡の創設者で長い間当クラブの代表者）の後を引き継いでいます。

　構成メンバーはそれぞれ仕事を終えた人間性豊かで、人生の深みを持った人々の集団です。

2）ヴィンテージ福岡の練習法

　練習は、会場に来た人から個人的に基礎打ちをします。ドライブ、ドロップ、ヘアピン、クリアをやり、その後はダブルス21点のゲームをします。練習最後の1時間は、混合、シングルス、ダブルスの希望者別に21点ゲームをします。ここでの練習はパワーあふれる若者による特別早いスマッシュはありませんが、同年齢だからラリーが続きベテランのいろいろな相手と対戦でき有意義です。

3）ヴィンテージ福岡の功績

　私は他府県で行われる60歳以上の団体戦や個人戦にも積極的に参加しています。全国規模で行われるねんりんピック（60歳以上団体戦）は数チームがエントリーし、遠くは北海道まで行き、いずれも優秀な成績をおさめてきました。私は個人戦の年齢別大会があると九州各県、山口、広島、大阪、島根での大会にも参加しました。

COFFEE ☕ BREAK

第二の人生は退職前に考えよう
―私がバドミントンを選んだ理由―

　高齢化社会になり、定年も65歳へと移行してきていますが、いずれは退職の時期がやってきます。そのときになって急に趣味を見つける、新しいことにチャレンジするには大きなエネルギーが必要です。退職後は「のんびり、ゆったり」は誰でも考え、あこがれることです。しかし、歳を重ねると、気力も体力も衰えているものです。そこで50歳代から次の人生や生き方、趣味、目標を考えていたほうがいいと思います。この年代は職場で責任あるポストにいる人も多く、多忙な日々のことでしょう。しかし、何かを始めるにはエネルギーが必要です。今あるエネルギーの一部を退職後のために使って、いろいろなことを試してみてはどうでしょうか。

　退職まで10年あれば、いろいろなことが試せます。最低1年間やってみて駄目なら、次のことにチャレンジする時間があります。私の場合はバドミントンをやっていましたので、何の迷いもなく突進できました。職場を離れ仲間との交流もなくなりましたが、バドミントンを通して新しい仲間をつくることができました。仕事上の義務や責任もなく、共通した趣味を持った仲間ができ、今までとは違った世界が見えてきたのです。

　バドミントンは短時間で運動量の多いスポーツです。室内競技ですから天候に左右されることなく、自分のスケジュール通りの練習が可能です。第Ⅱ部上級編第5章4節「いつもと違う場所での人との出会い」でも紹介しますが、初心者からでも容易に始められます。初めはラケット、シューズが必要ですが、その後は月2000円程度で十分すぎる程度の練習ができます。技術の向上をはかれば試合にも参加できます。試合参加費は1000円〜2000円でA、B、C、D級とあり、D級から楽しい試合感覚を学ぶことができます。自分の住んでいる地域でも開催されていると思います。頑張れば県大会、全国大会出場も可能です（年齢別種目があります）。

　決められた曜日に行って楽しめる居場所を持っていることは、老後の生活では大変意義あることです。職場では味わうことのできなかったいろいろなタイプの人々と交流できます。

第4章　こだわりのサーブ・こだわりのレシーブ

1.　サーブの心がけと実践

1)　バドミントンのサーブ権は有利でない

　ご存知の通り、テニスや卓球のサーブを見ていると独特のフォームでサーブをしています。それに比べバドミントンのサーブは単調に見えます。私は硬式テニスの経験があるのでわかるのですが、テニスではサーブするとき、フック回転やスライス回転を与えて打ちます。打たれたボールは相手側コートに入ると鋭くコートの外に出ていくスライスボールや、レシーブ側に食い込んでくるインテンシャルフックボールがあります。いずれもレシーブ側の体勢を崩し攻撃に繋いでいくためです。

　卓球ではもっと独特なサーブ姿を見ることができます。ボールを高く上げ、いろいろなフォームでボールをカットしたり回転（上回転、下回転）させたりしてサーブしています。どんな回転でどんなボールが来るのかレシーブ側には予測が難しく、ラケット面に当てても正しい方向に飛んでくれません。鋭いサーブを持っていれば、相手側はボールに触れることもできずにサービスエースを取ることができます。

　テニスや卓球のサーブの打ち方は、バドミントンに比べてボールの回転を含め種々のサーブができるところに大きな違いがあります。最初からサーブ側にアドバンテージ（利点）があるようです。しかし、バドミントンは反対で、サーバー側が有利になるようにできていません。サーブするときの制限が厳しいのです。

　たとえば、サーブをするときラケットが下を向いていること、ラケットを上げて上から打ってはならない、1つの動作で打つことなどです。足が床から上がってはいけないことも制限です。この禁止行為をするとフォルトと宣告され相手にポイントが与えられます（図Ⅱ-5）（図

図Ⅱ-5　シャトルの一部がウエストより高い

図Ⅱ-6　足が床から浮いている

Ⅱ-6）。極論するとバドミントンはサーバー側は不利で、レシーブ側の攻撃から始まるゲームではないかと私は思っています。

　しかし、サーバー側の不利を少しでも有利に導くために私は次の2）で述べる①〜⑩のサーブ方法を心がけています。そして、試合では私の秘策ともいえるサーバー側を有利にする戦術を3）で説明します。

2）サーバー側の不利を少しでも有利に導く方法

　私はバックハンドのサーブをしていますが、アバブザウエスト（サーブのときシャトルを腰よりも高い位置で打つこと）にならないように気をつけながらも、できるだけ高い位置で打ちます。重心を右足前に移し、少しつま先立ちになって打っています（図Ⅱ-7）。

①相手サービスライン中心の前ぎりぎりの位置に打ち、ネットを超えたらシャトルが下向きに落ちるように打ちます。ネットを超えてシャトルが上がると相手にプッシュされます。

②相手レシーバーの構えている位置を見て、手前のラインぎりぎりに構えているときは、ときどきロングサーブを打ち相手のプッシュを止めます。レシーバーが自分から見て左コートのときはロングサービスラインとセンターラインのところに速く低くシャトルを打つと、相手のバック側になり、対応しにくいのでサービスエースを取れることがあります（図Ⅱ-8）。このロングサービスは試合後半に生かすことができます。相手がロングを警戒して後方に構えれば、

第Ⅱ部　シニア上級編　｜　69

図Ⅱ-7　ショートサーブ

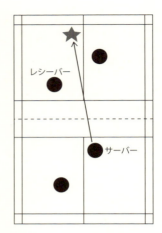

図Ⅱ-8　ロングサーブを速く、低くセンターライン付近に打つ

図Ⅱ-9　トップ&バックの攻撃態勢

前方があくので、ショートサービスが生きてきます。10本中1本程度ロングサーブを打っておくと、レシーバーに不安を与え心の余裕をなくせます。

③数回ショートサーブを打ち、相手が上げてくれば、パートナーは攻撃（スマッシュやドロップなど）ができるし、パートナーも上がってくるシャトルの予測ができ、トップ&バックの攻めの態勢が相手より先に取れます（**図Ⅱ-9**）。

④自分の間合いでサーブを打つことにしています。相手がしっかり構えているときに打てば、相手のペースでレシーブされてしまいます。あくまでも自分の間合いを作り、相手のレシーブ集中力を少しずらすことにより、相手のリターン位置やプッシュする心をそらすことができます。相手は待ちきれず、プッシュしてネットに掛けることがよくあります。

⑤ショートサーブを数回打つと、相手も容易に上げなくなり、ショー

トリターンしてくるので、そのショートリターンを予測しておくことが大切です。サーブしてすぐに下がらず、ネット前でラケットを上げ、ハーフに返球したシャトルを相手コート深くに決める。また、さらにハーフかヘアピンにして、相手に上げさせパートナーの攻撃を待ちトップ＆バックを作るのです。

⑥試合が18対18などの競り合いでサーブ権がきたら、サーバーはサーブの構えをして、片方の手を後方に回し、味方にサインをおくるポーズをとる。今まで1〜2度ロングサーブを打っているので、相手は急なこの行為に不安を感じて（ショートorロング？）心の動揺が起きます。私はこんなときこそショートの正確なサーブを打つことにしています。このような状況では相手は上げてくるので、これもパートナーが予測できます。

⑦マッチポイント。あと1点で勝負が決まる最後のサーブでは、集中してショートサーブをします。サーブに自信のない人や気の弱い人はロングサーブを打ち、サーブが甘くなりスマッシュされがちです。相手も緊張しているので、少し短くても上げてくるか、プッシュしてネットに掛けることがあります。日頃のサーブ練習の成果がここに出てきます。選手は1点を取るために練習をしているのです。

⑧ショートサーブを打ち続けると、相手はプッシュの姿勢を取り威嚇してきますが、その姿に惑わされず、自信を持って自分の間合いを忘れず、レシーバーの出している左足やボディに当てる気持ちでサーブすれば、そう簡単にはプッシュできません。サーブに自信がないと、つい上げたり、サーブが浮いて相手の術中にはまってしまいます。ここでも日頃の正確なサーブが要求されます。

⑨相手のショートサーブは基本的にはショート（ネット近く）かハーフ（前衛と後衛の中間）に返球するように心がけています。相手がショートならこちらもショートで返球し、相手が上げれば、こちらはトップ＆バックで攻撃パターンに入れます。このときネットに接近しすぎないことです。近づき過ぎると相手のハーフの返球が取り

第Ⅱ部　シニア上級編 | 71

にくくなります。

⑩相手のショートサーブをいつもバックに上げていると、相手に予測
　されてすばやくプッシュされることがあるので要注意です。

3）敢えてサーブ権を選択する戦術

　試合のコールがあり、選手がコートに入ったらトスをした後、勝っ
たチームがサーブ権を取るか、コートを取るかの選択権が与えられま
す。現在のラリーポイント制（サーブは１回だけ）になってからは、サー
ブが苦手とか不利といったことだけでなく、コートを優先する理由も
あるのです。試合会場によっては壁面が白く、シャトルが見づらい、
天井の照明が目に入って打ちにくい、空調のある会場では風の流れで、
シャトルが飛び過ぎたり、届かなかったり、風でシャトルが横に流さ
れたりなど、コートにより条件が異なることがあります。チェンジエン
ド（コートが変わる）があり、条件は同じになりますが、最初に条
件の悪いコートを選び得点を取れるだけ重ねておいて、次に有利な
コート側で勝負したいと思っている選手も多いように思います。これ
も戦術の一つです。

　私はパートナーの了解を得てサーブ権を取ります。サーブのディス
アドバンテージをアドバンテージに変えて得点を取りたいからです。

　試合が終わり勝者はサインをするときに、その試合のポイントの移
り変わりを見てみると、私がサーブを続けているのがわかります。即
ちサーブをして相手に上げさせ、パートナーが攻撃して得点できてい
るのです。お互いに１点ずつを取り合う試合ではなかなか勝利は難し
いのですが、２～３ポイントを取ったり、単純に上げてくる相手のと
きは５ポイントも連取できることがあり、流れは大きく自分のチーム
に傾きます。

　私はゲームの始まりはやはりサーブだと思っていますので、勝利す
るには絶対に正確なサーブが必要と考えています。そこで４）ではサー
ブの考えや、練習方法を述べてみます。

4）サーブの練習は空コートを見つけ 1 人で真剣に集中して練習する

　まず、サーブは必ずネットを越すことです。ネットを越さないサーブは打ってくれません。越していればショートでも打ってくれることがあります（特に僅差や終盤の場合）。サーブのミスはなにもせずに相手にポイントを与えてしまいます。ミスなく相手コートにショートサーブを打つことです。それにはサーブの精度を上げなければなりません。サーブの練習はコートが空いていれば 1 人でできます。みんなが休憩しているときや、途中に昼食時間があるときは少し時間をずらして昼食すればコートは空いています。1 回 1 回真剣に集中してサーブを打つ、シャトルは 1 個だけ持って打つことが大切です。練習だからといって 2,3 個持って、早く打つのでは集中力は高まりません。また試合中にその悪い癖が出てしまいます。やはり、1 個のシャトルに集中して確実に入れる癖をつけ、自信をつけていくことが大切です。

　バドミントンのセオリーとは違ったことを書いたかもしれませんが、私は以上のような考えでサーブを最も大切にしています。参考になるところは取り入れてみてはいかがでしょうか。

　試合結果を見ると 21 対 17、18 と僅差で勝負がつくのが、ラリーポイント制です。この 3 ～ 4 点の差は、その試合中に何回サーブミスがあったかで決まると思っています。自分とパートナーが 2 回ずつミスをすれば、相手に 4 点与えて試合をしていることになるのです。サーブミスは取り返しができません。ゴルフならボギーにしても、次のホールでバーディーが出れば取り戻せます。バドミントンはポイントを得るゲームです。サーブミスは 1 試合に 0 か 1 程度にしたいものです。長いラリーで必死に 1 点取っても、サーブミスをすれば勝てません。

2. レシーブの心がけと実践

1）確実なレシーブから攻撃へ

　スマッシュ、ドロップ、プッシュなどの攻撃力を持たないのが私の

弱点です。手首が硬くラケットのしなりを利用した巧みなラケットワークができません。

　破壊力あるスマッシュ、プッシュには威力不足だし、相手を追い込むドライブ、ドリブンクリアーもスピード不足です。このような攻撃によって得点することが苦手ですからレシーブ（守備）の力を身につけようと努力してきました。

　ラリーポイント制になる前は、サーブ権のある方が勝たないと得点になりませんでした。だからどんなにレシーブしても攻撃力がないと、サーブ権が移動するだけでした。試合は伯仲して見えるけど、結果は大差で負けているのです。当時は15点ゲームで15対0や1の結果もありました。今ではこのような極端な点数差はほとんど見られません。ラリーポイント制では攻撃側のミスで相手側にポイントが入るからです。したがって、確実なレシーブで返球しておけばポイントを取れます。負けても僅差で、試合の流れによっては、自分たちより強い相手に勝利することも可能になってきたと思います。

　強いチームは相手の攻撃をしっかりレシーブして、さらにそれから攻撃に繋げていく組立てができています。私が高齢になり勝てる試合が多くなったのは、レシーブ練習が好きだったからかもしれません。私はクラブ内で試合をするより基礎打ちの練習の方が好きです。攻撃力を持っているパートナーと組めば一段と勝利しやすくなります。

2）こだわりのレシーブ方法

　レシーブが甘いと相手が攻撃してくるので、相手コート深く（バックバウンダリー）に返球して攻撃から逃れるレシーブ、シャトルを高く上げて時間を稼ぎ、態勢を整えるレシーブ、相手の攻撃を切り返して攻撃に結びつけるレシーブなどがあると思います。

　これらを返球して味方の攻撃を待つのです。**図Ⅱ-10**は相手のサービスを攻撃的に待ち構えているレシーブ姿勢です。以下、レシーブについて私なりの考え方、やり方を①〜⑧まで書いてみます。

女子ダブルスの例

男子シングルスの例

図Ⅱ-10　サーブに対するレシーブ姿勢

①レシーブ側は打ってくる相手の方向に体を向けます。相手に近い方はやや後に、相手に遠い方はやや前にサイドbyサイドで構えるサムアップ（ラケットを持つ親指を上に向けるとラケットも上に向く）状態で、やや前かがみで腰を落として構えます。ラケットを下げ棒立ちになっていると速いシャトルに対応できません。
②私はイースタングリップを使い8割程度はバックでレシーブしています。特に、スマッシュではイースタングリップでないと力強い返球ができません。イースタングリップの親指の力でラケットが押されるのをカバーしています。
③利き腕の肘より前でシャトルを打つようにしています。遅れると返球が甘くなります。レシーブのとき、右足を前に出し過ぎ半身になり過ぎて、連続でレシーブを続けるとファー側に打たれたとき、レシーブしにくくなります。打った後は素早く足を元の位置に戻したほうがよいようです。
④レシーブで切り返して攻撃するときは、足を平行でなく、右足を少し前に出し、早めにシャトルにインパクトすると強い返球が可能です。コートの空いている方向に打てれば相手のノータッチでポイントを取れることがあります。
⑤相手のドロップ、特にネット近くのドロップに対しては、右足でしっ

第Ⅱ部　シニア上級編 | 75

かり踏み込み、右膝に重心を置きラケットをしっかり振り抜き、真上に上げる感じで打つとシャトルは高く上がるので、その間にレシーブ体勢を整えることができます。大きく踏み込んだとき、前屈になっても背筋は伸ばして、お尻を後方に出さず、前に入れる感じにします。

⑥足を前や横に出したりしてレシーブしたときは、すぐに元の体勢に足を戻し、次のレシーブに備えることが大切です。これが遅れると次の攻撃に対応できません。

⑦レシーブは腕全体を使った大振りにならないよう、スナップを効かせてシャープに打つことが大切です。ゴルフでも腕力で打たず、クラブヘッドの重さを感じて打てといいます。そのほうが正確に遠くまで、また的確に目標に向かっていきます。

　いずれのレシーブも、必ず左手を少し上げ、左手で体のバランスを取ることが重要です。左手をだらりと下げてレシーブしている選手はいないようです。

⑧特にヘアピンのときは、常にフェンシングの姿勢で打つ練習をしています。

　高齢になると、前に落とされるドロップに足が出なくなります。また深いクリアを打たれると十分に下がることができず、素早くシャトルの落下点まで行けません。このように前後に動かされるだけで、体力と集中力は次第に落ちてきます。試合で長い長いラリーが続くとゲームは白熱してきます。見ている人にも感動を与えます。長いラリーを制するのは確かなレシーブ力です。

　セオリー通りではないかもしれませんが、私なりのやり方を述べました。参考になる部分があれば幸いです。

3.　練習試合でのサーブの心得

　私はクラブ内や知人同士の練習試合では、勝負だけにこだわらず、

次のような課題をもって望んでいます。いつも同じ課題ではなく対戦相手によって課題を変えてみます。

1) 対戦相手が弱い

パートナーや対戦相手に不快な感じを与えたり、失礼にならないように注意しながら日頃できない練習をします。たとえばロングサーブだけで試合をする。これは対外試合をするときの貴重な経験になります。負けることもありますが、そのときはパートナーに理解を得ます。

2) 互角の相手

全力で自分の力を試します。しかし、18対14くらいの差で勝っているときは、パートナーにお願いして、相手が追いついてくるまでいろいろな打ち方を試し、点数が並んだら残りの3点を全力で取りに行きます。負けることもあります。1点を取る集中力が高められます。

3) パートナーが上手い

パートナーに「前衛の練習をさせてください」と相談し、ネットプレー、プッシュなどを主体に練習します。また自分のミスを最小限にすることを目標として試合をします。

4) 対戦相手が強い

何点とれるか全力で戦うのはもちろんですが、サーブに集中し相手がどのくらい上げてくるかを試します。サーブの精度が上がると、相手は上げてくるからです。また相手の攻撃にどのくらい耐えられるかを試す絶好のチャンスです。自分のレシーブ力を知るチャンスにします。

COFFEE ☕ BREAK

怪我からの脱出

　2015年の夏、8月後半の台風が福岡を襲いました。私はこのとき外に出ていて芝生の上で転倒し胸を痛めました。病院とは無縁の私でしたが、早速レントゲンを撮るため病院に行きました。結果は骨折してないとのこと、しかし1週間経過しても痛みがとれない。全日本シニア選手権は11月です。家の中でラケットを握ってみたり、振ってみたりしましたが痛いのです。ゴルフの打ちっ放しにも行きましたが、胸にひびいて打つことができません。心が焦り始めました。「大会に出場できるだろうか」、「もうこのまま永久にバドミントンができないのではないだろうか」、不安がつのるばかり、精神的に大きなダメージでした。しかし、じっとしておれず2週間後に練習に行きました。ラケットが振れる範囲のドライブ、ヘアピンをしました。でも痛い。クリアーも打てず、特に廻りこんで打つラウンドストロークは痛くて痛くて…再度病院に行きました。医者からは「3カ月は無理かな？」「何もしないほうがいい」と言われました。痛くても練習すべきか、何もしないか心のなかで葛藤が続きました。仲間の一人が「何もするな！」と言いました。それで4日間何もしないことに決めました。少し痛みがなくなったので、この間に下半身を鍛えることにしました。スクワット、足の蹴り上げは胸に負担がかからないことに気づき、下半身に重点を置く、ランニングも可能なので走ると決めました。上半身が回復したときにはさらに一段と向上してやろうと決心しました。9月中旬まではシャトルを打って痛みが残っていましたが、下旬には練習が可能になりました。1カ月ぶりに復帰できました。

　練習時にはどんなに強い選手でも、大会前に体調をこわしたり、怪我をしてはよい選手とはいえません。大会までに体調を整え、最高のコンデションで試合に出場できるマネージメントができる選手がよい選手です。絶対にパートナーに迷惑をかけてはいけない。お互いに1年に1度しかない大会です。来年は必ず出場できる保証もないのですから…。

　この苦い経験で健康であることの大切さを痛感させられました。2015年11月の全日本シニア選手権には何とか出場できましたが練習不足でパートナーに迷惑をかけベスト8に終わってしまいました。75歳の部で初めてエントリーしたシングルスは後述するように惨敗でした。

第5章　バドミントンから得た教訓

1.　シングルス戦の失敗から学んだもの

　2015年全日本シニア選手権のとき、私は75歳6カ月でした。ダブルスではパートナーが72歳だったので70歳代でエントリーしました。

　2014年の優勝時のパートナーではなく、2010年全日本教職員大会優勝時のパートナー副島氏なので、もちろんシードはありません。組合せ表を見ると小さな枠のなかの1回戦からのスタートでした。昨年65歳代だった選手が今年は70歳代に上がってきています。厳しい試合になることは間違いありません。私にとっては5歳以上の年齢差があるのですから。それでもベスト8までにはなんとか進むことができました。

　一方、シングルスは75歳でのエントリーは初めてです。2010年全日本教職員大会では70歳でしたが65歳代のダブルスで優勝。70歳代のシングルスでも優勝と好成績を納めました。5年後の現在は、シャトルを追う速さも、持久力もすべて衰えています。全日本シニア選手権では過去3回はベスト4がありますが、準決勝戦になると、シングルス経験の多い選手や若い頃から練習を積み重ねてきた強敵ばかりと対戦することになります。私のように我流でシングルス練習の少ないものには、すべて厳しい試合になります。しかし、今回は75歳代で初めてのエントリーで、これなら6カ月の年齢差だから何とかなるのではないかとの思いでした。

　組合せ表を見ると、2回戦で第1シードの前年度優勝者です。この2回戦を突破すれば何とかなる。"もしかしたら？"の気持ちが生まれてきました。試合当日、1回戦は2対0で勝ち進み、2回戦でシード選手に当たりました。過去にも数回対戦し勝った経験もあったのです。第1ゲームは17対21で負けましたが、まったく疲れもなくまだ

第Ⅱ部　シニア上級編 | 79

まだやれる感じでした（スロージョギング効果？）。2ゲーム目は私の長所としている繋ぎに徹して21対18で勝ちました。問題のファイナルゲームです。2010年全日本シニア選手権のシングルスでは3回戦すべて2勝1敗で勝ち進み、ベスト4になった経験があるので、ファイナルなら勝てると思ったのです。ダブルスでは2回の優勝経験があるが、シングルスはまだない。もし勝てば初めてのシングルス優勝者になれる。胸はドキドキする。シングルスで日本一になれるのだと興奮状態になり、この瞬間から完全に自分を見失い冷静さをなくしてしまいました。日頃打たないスマッシュやドロップを打ち始めたのです。肩に力が入り、手首は固く、腕を振り廻すだけのスマッシュ。それがコートの外に出たりネットにかけたりと、ことごとくミスショットになって相手を有利にしてしまいました。

　元来、シングルスゲームのつくり方も知らない、ゲームの進め方も知らない、ペース配分も知らない、練習も満足にやってきていない、そんな自分を完全に忘れてしまっていたのです。次第に点数差がつき始め、さらに困惑するばかりで、結果12対21で完敗してしまいました。これで2015年の全日本シニア選手権は終わり、2016年にかけるしかなくなりました。大会後はもっとシングルスの練習をやりたいと思い続け、理解あるカトレアクラブやヴィンテージ福岡で練習をさせてもらっていますが、一般にクラブではダブルスのゲームが主体で、シングルスの練習はなかなか難しいものです。メンバーそれぞれの貴重な時間とコートを占有する、シングルスの相手をしてもらえる人も少ないなど、いろいろな条件や問題があります。

　2016年も再度シングルスにチャレンジするため練習を続けています。みんなが休憩しているときはロングサーブの練習をしたり、1人でコート内のフットワークをやったり、基礎打ちのときはバックバウンダリーまでしっかり飛ばすハイクリアーの練習、さらに攻撃力を身につける練習、2人に相手をしてもらい2対1で動く練習などをしています。しかし、まだまだ不十分です。「やれることはすべてやった」

というアスリートの言葉を耳にしますが、私もそんな状態になってみたいものです。今のところ体調もよく、特別に体の故障もないので、もっと練習をしたい気持ちで一杯です。

2. バドミントンとゴルフの相互補完 / 相乗効果

　ゴルフは1日中屋外でのプレーです。真夏の太陽に照らされたり、風雨のなかでもプレーを続けなければなりません。まさに「自然との戦い」です。ボールは"有るがまま"の状態で打たねばならず、グリーン上以外は一切ボールに手を触れることはできません。対戦相手は隣にいても、単なる同伴競技者であり、自分の失敗は自分でリカバリーする「自分との戦い」のスポーツです。

　バドミントンのように短時間で激しいスポーツをやり続けたら、他のプレイヤー以上にゴルフが上達すると思いゴルフに熱中してきました。しかし、今ではバドミントンが主体になり、ゴルフは月1回コースに出る程度です。打ちっ放しの練習には週2回は行き、100球、1時間くらい打っています。スコアもまだ85前後が出ています。コースに出る回数の多い人と大差ありません。これはバドミントンと同じように、ゴルフも試合だけでなく基礎打ちをしたほうが結果はいいのではないかと思っています。

　バドミントンとゴルフは対照的ですが、類似点も多いように思います。対照的な点として、バドミントンは動くシャトルを打つのに対してゴルフは止まっているボールを打つ。またバドミントンは相手との戦いなのに対してゴルフは自分との戦いである。さらにはバドミントンが室内で同じ条件で戦うのに対しゴルフは屋外で常に異なる条件で競うなどです。しかし、なぜゴルフを続けるかの理由は次の通りです。
①左脳を働かす右半身のバドミントンに対し、右脳による左半身のゴルフをすることにより人体のバランスを保つことが可能で、肩や腰など特定の部位の故障を最小限に抑えてくれます。

第Ⅱ部　シニア上級編 | 81

②バドミントンのサーブの集中力は、ゴルフのボールを打つ瞬間やパターの集中力で養われます。

③バドミントンの軟らかさの必要なショットは、ゴルフのアプローチのフィーリングに似ています。

④バドミントンの粘り強さは、1日中足腰を使うゴルフで習得できます。

⑤バドミントンの動体視力（私は弱くなりましたが）はゴルフコースでの白球と青い空、芝の緑で補完されます。

　暑い夏、厳しい寒さのなかで1日中神経をボールに集中させてラウンドする球技では強靭な精神力、体力、集中力が必要で、これはコートで競技している私に大きな力になっていると自己満足しています。

3. クラブ・大会での人との出会い

　私は、バドミントンの練習や試合を通じて多くの人と知り合いになりました。皆さんバドミントンが好きで、今でも交友を深めており、かけがえのない財産と思っています。いくつか紹介します。

1）FYY クラブとの出会い

　私は福岡県の宗像地区に転居してから、それまで北九州市方面だった行動範囲が福岡市方面に変わり、福岡市内で試合に参加していたときFYYクラブ（福岡でわいわいするクラブ）を知り、クラブ員になって参加していました。そこで福岡県バドミントン協会理事の緒方さんと出会い、クラブ員と一緒にねんりんピックに参加するようになりました。2005年に福岡県でねんりんピックがあり、福岡県「とび梅チーム」で出場し、団体戦でしたが初めて優勝できました。これが福岡市内でバドミントンを始めるきっかけとなり、今日まで続いています。

2）福岡シニアカップ大会での出会い

　福岡シニアカップ大会は、全国から参加がある40歳以上の大会で、

昨年 20 回大会を終え、2016 年から団体戦と混合の試合になっています。この大会はヴィンテージ福岡のメンバーである大庭氏が大会委員長であり、私たちヴィンテージ福岡から多くの選手が出場し、各種年齢別で毎年多くの優勝者を出してきました。私はこの大会で岐阜県の堀氏、大分県の佐藤氏らと出会い、70 歳では堀氏、74 歳では佐藤氏とダブルスを組み、全日本シニア選手権で二度の優勝をさせてもらいました。また、大庭氏の紹介で台北のモーニングカップ、マレーシアの大会にも参加し、外国の選手と直接対戦できる貴重な体験ができました。マレーシアではドイツ、中国、オーストラリアの選手と、そして決勝戦ではマレーシアの選手と戦いました。

3） 最高のパートナーとの出会い

ヴィンテージ福岡メンバーの一人、新美氏とパートナーを組み始め、県、九州社会人、その他多くの大会でも優勝させてもらっています。熊本市オープン（年齢別）では 4 連覇しました。彼は若い頃にシングルスの実力者でした。絶妙なドロップの持ち主で、ダブルスを組めばどの試合も負ける気がしません。私が繋ぐことに専念すれば必ず得点してくれます。少しでも彼に近づこうと努力していますが、長年にわたって培われた彼の技術力は高く、高齢になってから始めた私が追いつくのはなかなか難しいです。

4） 全日本大会での出会い

全日本の大会に 10 年以上毎回参加していると、同じ選手に出会います。勝った相手もいれば負けた相手もいます。神奈川県の選手黒崎氏（横浜市バドミントン協会会長）とは電話やメールで近況報告が続いており、毎年対戦した後は一緒に酒を呑む仲間になっています。お互いに高齢ですから、コート外では行動も緩慢ですが、コートに入ると別人のようにシャープなプレー、華麗な技術を発揮しています。

第Ⅱ部　シニア上級編 | 83

4. いつもと違う場所での人との出会い

　福岡県の宗像市や福岡市近郊では多くの会場で練習できます。昼間の練習会場はママさんや高齢者のクラブが多く、夜は一般社会人、A級者、B級者のクラブなどさまざまです。

　会の所属メンバーは、月2000円～3000円、ビジター（非会員）は1回400円～500円程度で参加練習できます。

　練習内容は最初基礎打ちを少しやり、すぐに21点先取の試合に入ります。いろいろなタイプの人と試合ができます。参加者が多いクラブでは、アバウトにAクラス、Bクラスに分けてやっている所もあります。そのほうが自分の練習になる場合もありますが、物足りない練習になることもあります。

　クラブによってはコートとコートの間で基礎打ちをしてもらえるクラブもあります。自分が試合でないときは、上級者による指導が受けられ大変有効な練習時間が確保されます。ビジターで参加すれば、好きな時間に行き、好きな時間に帰ることも可能ですが、常識的には練習する以上、ネットを張ったり、片づけたり、最後にフロアのモップがけをするのは当然でしょう。

　どの地域でも、いろいろな時間帯で練習がされているので、会場を見学し、自分に適したクラブに参加するとよいでしょう。私も仲間に紹介されて、いろいろなクラブに参加した経験があります。最初は初対面で恥ずかしいと思いますが、皆さんバドミントンが好きな人たちの集団ですから、すぐに仲良くなれます。また、打ち方、フットワークなどの練習方法はチームによって特徴があり、勉強になります。また試合の日程など多くの情報を得ることができます。親しくなれば、自分のダブルスのパートナーを見つけることもできます。試合出場のチャンスも生まれ、ますますバドミントンが好きになり意欲もでてくるでしょう。私もいろいろな練習や試合に参加してみて、知っている仲間にたくさん出会った経験があります。

第Ⅱ部　シニア初級編 ―シニアから始めるバドミントン―
クラブチームへの入会〜練習〜試合〜退部までの心がけ

執筆　泉 英明

第6章　シニア世代にも人気が高い運動・スポーツ

第7章　私がバドミントンを選んだ理由

第8章　クラブに入会するときの注意点

第9章　クラブに入会してから心がけるべきこと

第10章　練習に対する取り組み姿勢

第11章　遠大な計画と飽くなき挑戦、そして引き際

第6章　シニア世代にも人気が高い運動・スポーツ

1. 定年後は健康志向から運動・スポーツ人気が高い

　定年を待つかのように"定年になったらあれもしたい、これもしたい"と考える人は多いのではないでしょうか。いままでやりたいことを我慢して会社人間に徹してきたのですから無理もない話です。図Ⅱ-11は定年後にやりたいことを定年前の人と定年後の人を対象に調査したデータです。トップは定年前の人も定年後の人も「趣味を深める」で40％超えており、次いで国内旅行、3位は運動・スポーツ、4位は家のことと続いています。注目すべきは、運動・スポーツを定年後にやりたいと答えた人が30％を超えており、3人に1人は定年後に体を動かす運動・スポーツをしたいと答えていることです。

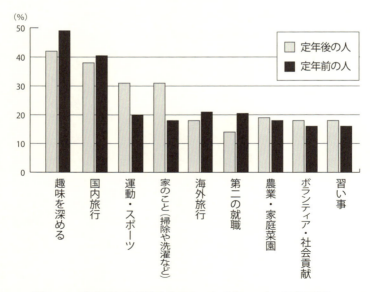

図Ⅱ-11　定年後にやり始めたこと／やりたいこと（複数回答）
（出所：@nifty 何でも調査団 http://chosa.nifty.com/retirement/ より抜粋、2016/4/3 閲覧）

2. 定年後に運動・スポーツをする動機

　60歳代を対象に運動・スポーツをする動機を調べた結果が図Ⅱ–12です。動機の1位、2位は「健康になるため」、「ストレス解消しリラックスできる」です。定年後も健康で過ごしたいという願いからでしょう。1位、2位はいずれも50%を超えています。ほかにも「適正体重が維持できる」、「怪我や病気の治療に役立つ」などの健康面に関わる動機が回答されています。

　次に「交友関係を深める」、「楽しくなる」、「友達と一緒にできる」など交友関係に関わる動機も多いことがわかります。

　もともとスポーツをする目的は体力、健康維持向上、さらには楽しみ、喜び、人間形成などにあるため図Ⅱ–12に並んだ動機とその割合はうなずけます。

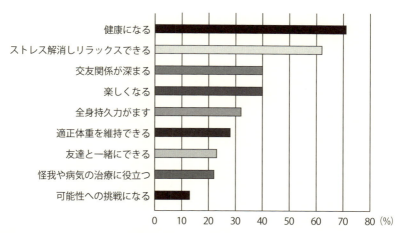

図Ⅱ–12　スポーツをする利点（複数回答）（出所：公益財団法人日本レクリエーション協会「スポーツによる元気な成熟社会を創るために」より抜粋、http://www.recreation.or.jp（2016/4/4閲覧））

3. 60歳以上の人が行っているスポーツの主な種目

　表Ⅱ–4は平成24年度総務省が調査した日本における年齢階級別ス

表Ⅱ-4　年齢階級別スポーツの主な種目の行動者率・順位（2011年度）

	60 ～ 64 歳		65 ～ 69 歳		70 歳以上	
	順位	行動者率 （%）	順位	行動者率 （%）	順位	行動者率 （%）
水泳	5	5.9	5	5.6	5	2.9
ボウリング	6	5.4	7	3.6	8	1.4
野球	8	2.3	9	1.8	9	0.7
ソフトボール	10	2.1	11	1.3	11	0.5
登山・ハイキング	1	12.4	1	11.9	1	5.2
バレーボール	13	1.1	13	0.7	13	0.3
ジョギング・マラソン	7	4.3	6	4.1	6	1.8
ゴルフ	2	10.6	2	9.5	3	4.4
テニス	11	1.9	10	1.7	10	0.6
バドミントン	13	1.1	13	0.7	13	0.3
卓球	9	2.2	8	2.8	7	1.7
スキー・スノーボード	12	1.8	12	1.0	12	0.4
器具を使ったトレーニング	3	9.1	3	8.3	1	5.2
サイクリング	4	7.0	4	6.8	4	3.3
サッカー	15	0.4	15	0.2	15	0.1

行動者率：10歳以上人口に占める過去1年間に該当するスポーツを行った人の割合（%）
（出所：総務省報道資料（平成24年10月7日）より60歳以上を抜粋）

ポーツの主な種目と行動者率です。

　60歳以上で多く行われているスポーツの上位3種目は「登山・ハイキング」、「ゴルフ」、「器具を使ったトレーニング」です。逆に「サッカー」、「バレー」、「バドミントン」は下位3種目に入っています。前者にあげた上位3種目の特徴は、個人種目（1人で行える種目）に近いため個人の意思によりある程度自由がきくことにあります。また、後者にあげた3種目に比べ、運動・スポーツとしての動きの激しさは大きくありません。

　一方、後者にあげた3種目が下位になっている理由を考えると、いずれも団体（チーム）競技のため、練習でも、試合でも個人のペースよりもチームのペースに制約されます。さらにはスポーツとしては激しい（若い選手同士が対戦するスポーツとしては激しい）から敬遠さ

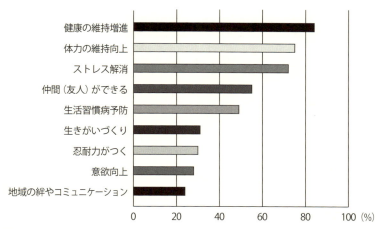

図Ⅱ-13 都民が期待する「スポーツがもたらす効果」より抜粋（出所：「都民のスポーツ活動に関する世論調査」（平成24年10月、東京都生活文化局））

れているのではないかと考えます。これは裏を返せばそれほど激しいスポーツではなく、かつ定年を過ぎてまで多くの人と関わりたくないので、1人でもできる「登山・ハイキング」、「ゴルフ」、「器具を使ったトレーニング」に人気が集まるのかもしれません。

4. 運動・スポーツの効果

東京都が調査した「都民のスポーツ活動に関する世論調査」（平成24年10月、東京都）結果による都民が期待する「スポーツのもたらす効果」を図Ⅱ-13に示します。前述の定年後に運動・スポーツする動機に類似していることがわかります。

健康の維持増進が85.2%、体力の維持向上76.3%、ストレス解消72.3%で上位3位までが健康面の効果をあげています。5位の生活習慣病の予防48.9%も健康面からの効果です。都民が期待するスポーツがもたらす効果は圧倒的に健康面が多く、続いて仲間（友人）ができる54.6%、生きがいづくり32.1%など交友関係に関わる効果をあげています。

第Ⅱ部　シニア初級編 | 89

この調査結果を裏づけるかのように丸の内タニタ食堂で一躍有名になったTANITAによれば運動の重要性とその効果を「生活習慣病の予防」、「筋肉やからだ機能の維持」、「疾病に対する効果」、「精神的な効果」の４点から指摘しています。

①生活習慣病の予防

スポーツ・運動が疎かになると採取エネルギーが消費エネルギーを上回り、肥満原因となり、糖尿病、高血圧、脂質異常症（血中のコレステロール等が増加する状態を高脂血症といい、高脂血症は動脈硬化の原因となる）といった生活習慣病のリスクが高くなります。

②筋肉やからだ機能の維持

運動・スポーツをしないと、筋肉機能低下に陥り歩行スピードが落ちる、荷物を持てなくなる、小さな段差でつまずくなど日常生活に支障をきたします。

③疾病に対する効果

運動・スポーツによる効果は上記①・②だけではなく、加齢に伴う生活機能低下（介護生活になる可能性が高まる）の予防や血行促進により肩こり、冷え症の改善になります。

④精神的な効果

夢中になって運動・スポーツをした後は爽快感、達成感を味わうことができます。続けることで認知症の低減、不定愁訴（自律神経失調症・身体化障害）の低下、気分転換やストレス解消に役立ちます。

5. 運動・スポーツは健康寿命を延伸する

1）健康寿命延伸の必要性

前節では運動・スポーツの効果を健康（肉体／精神）面から述べましたが、ここでは運動・スポーツが健康寿命延伸に役立つことを述べます。健康寿命とは「健康上の問題で日常生活が制限されることなく生活できる期間」と定義されています。平たく言えば「介護を受けず

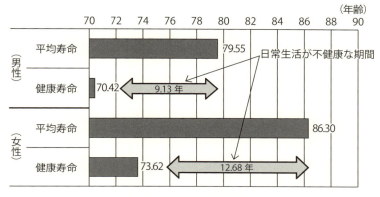

図Ⅱ-14　健康寿命と平均寿命の差
出所：平均寿命「平成22年」は、厚生労働省大臣官房情報部「完全生命表」
　　　健康寿命「平成22年」は、厚生労働科学研究費補助金「健康寿命における将来予測と生活習慣病対策の費用対効果に関する研究」より抜粋

に生活できる期間」のことをいいます。

　平成26年版厚生労働白書によれば男性が平均寿命79.55歳に対して健康寿命は70.42歳、女性は平均寿命86.30歳に対し健康寿命は73.62歳です（**図Ⅱ-14**）。

　平均寿命と健康寿命との差は日常生活に制限のある「不健康な期間」を意味し、2010年（平成22年）で、男性は9.13年、女性は12.68年でした。平均寿命だけ延伸し、健康寿命が延伸しなければ不健康な期間（たとえば寝たきり期間）が長くなるだけです。不健康な期間が長くなれば個々人の生活の質が低下するだけに留まらず、社会保障負担（医療や介護など）も増える負の連鎖を引き起こします。それではどのようにすればよいか。答えは平均寿命を上回る健康寿命の延伸です。健康寿命の延伸は不健康期間が短縮され、個々人の健康的な生活期間が長くなるだけでなく社会保障負担が軽減されます。

2) 健康寿命を延伸する運動・スポーツ

　「ロコモ：ロコモティブシンドローム（運動器症候群）」という言葉があります。これは運動器の障害のため自立度が低下し、「介護が必

要となる危険性の高い状態」を指します。平成26年版厚生労働白書によれば運動不足により毎年5万人もの人が「運動不足」が原因で亡くなっており、喫煙、高血圧に次いで第3位となっています。ロコモ対策で重要なのは適切な運動・スポーツであることは平成26年度版厚生労働白書でも指摘されています。そして、「健康な人のための身体活動量の新基準」を3つの年齢層に分けて示しており、65歳以上の年齢層では強度を問わない身体運動を毎日40分続けることとなっています。例としてラジオ体操10分、歩行20分、植物への水やり10分があげられています（「健康づくりのための身体運動規準2013」より）。

3）運動・スポーツの持続にはクラブへの所属が一番

　運動・スポーツを毎日続けるためには強い意志と行動力が必要です。これは口で言うのは簡単ですが、実際は容易なことではありません。私も腕力や握力を強くするため鉄アレイやハンドグリップを買い求めましたが1週間も経たないうちに使わなくなりました。個人の意思で続ける難しさは誰でも経験していることではないでしょうか。

　私は運動・スポーツを持続するための手段としてクラブに所属することが手っ取り早い方法ではないかと考えています。しかもクラブの役に立つ仕事を好んで引き受けることです。次の第7章、第8章で詳述しますが、現在、私は自分の住んでいる町のバドミントンクラブに所属しています。ここ5年間、シャトルの運搬と保管を担当しています。練習後にシャトルを自宅に持ち帰り保管し、そして練習に間に合うように会場に持ち込むのです。シャトルがないと練習ができないので、休まないし、時間にも遅れません。クラブの仲間はシャトルが来るのを待っているのです。練習では同じ目的・目標をもつクラブに所属する仲間と一緒に競い合い、かつ楽しみながら練習ができるので長続きもします。対外試合に出るようになり試合で接戦でもするようになればいっそう仲間意識が強くなり絆が強くなります。

COFFEE ☕ BREAK

高齢者に優しいシャトルの提案
―スピードの出ないスローシャトルで高齢者バドミントン人口を増やそう―

　"バドミントンは動きが激しいスポーツ"ということで高齢者から敬遠されているのではないだろうか。確かにシャトルスピードは速く、体の動きも激しく、他のスポーツ（たとえば卓球やゴルフなど）に比べスタミナも必要でしょう。しかし、これは若いパワフルな選手同士の話です。

　高齢者同士のバドミントンはいくら経験を積んでいたとしても、パワーも、スタミナも落ち、長いラリーは続きません。おそらく今使われているシャトルで高齢者の初心者同士がプレーしたなら、ほとんどラリーにならないのではないかと予想できます。それは、今使われているシャトルが小さく、空気抵抗が少ないためシャトルスピードが速く、打ちにくく、コントロールしにくいせいだと考えています。

　それなら高齢者向けにスピードの出ない、打ちやすいシャトルをつくってはどうでしょうか。風船とまではいわないが大きなシャトル、軽いシャトル、空気抵抗の大きなシャトルの開発です。私は"スローシャトル"と名づけてみたい。

　これならスピードが出ないので高齢初心者でも興味がわくのではないだろうか。

　ソフトバレーやラージボールで高齢者のバレー人口や卓球人口を増やしています。バドミントンのシャトルも高齢者に優しいスローシャトルを取り入れてはいかがでしょうか。それにより高齢者のバドミントン人口が増えれば健康寿命の延伸につながり一石二鳥です。もちろん、今使われているシャトルを否定しているのではありません。

　高齢者でも元気でパワフルな人はスピードの出ないシャトルでは物足りないだろう。当然、全日本バドミントン選手権や国際大会で開催される試合では従来のシャトルが必要です。ジュニア、学生、若者など活力あふれる人たちには現在のシャトルが適しています。

　ここで提案しているのは高齢者で、かつ初心者でもバドミントンをしてみたいと思う人には「空気抵抗の大きな、スピードの出ないスローシャトル」も面白いだろうという発想です。

第Ⅱ部　シニア初級編 ｜ 93

第7章　私がバドミントンを選んだ理由

　前述の**表Ⅱ-4**は高齢者が行う運動・スポーツの上位15の種目です。上位3種目は「登山・ハイキング」、「ゴルフ」、「器具を使ったトレーニング」であり、下位3種目は「サッカー」、「バレー」、「バドミントン」です。バドミトンは意外に人気がありません。しかし、私が定年後にバドミントンを選んだのは次の理由からです。

1）少ないお金で天候に左右されずいつでも練習できる

　私は定年になったら運動・スポーツをしようと決めていました。しかし、いざ定年（定年が近く）になると、さて何をしようかという種目の選択に悩みました。必要費用（道具、練習費用、試合費用など）を高齢者が行っている運動・スポーツの上位3種目と下位3種目で比べると下位3種目のほうが少なくて済みそうです。同じ下位3種目のなかでもサッカーに比べると天候に左右されずいつでも練習できそうです。バレーは6人とか9人メンバーが揃わないと練習も試合もできませんが、バドミントンは2人でもできますし、4人ならダブルスもできます。

　天候に左右されず、費用もリーズナブルで手軽に練習や試合ができるスポーツではバドミントンが最も適しているのではないかと考えました。

2）高齢でもでき、長続きもしそうである

　何でもそうですが、ある事をある程度成し遂げるには続けることが重要です。"継続こそ力なり"とは「言うは易し、行うは難し」です。見ていると"楽しそうなので"、"簡単そうなので"、ということでやり始めたが3日（または3回）と続かなかったとはよく聞く話です。バドミントンはハイキングやゴルフなどに比べると確かに激しいス

94

ポーツです。しかし、年齢が高くなるにつれてお互いにパワーも落ち、スタミナも切れ、無理をしなくなります。高齢者は高齢者なりのバドミントンの楽しみ方や練習方法があると考えました。

3) 試合に出る機会もありそうな種目

継続するにはクラブチームに所属するのが望ましいことは前にも述べましたが、自分の目的にマッチしたクラブに所属することも大切です。健康を第一に考えている人は、競技の上達、試合に勝つことを目的としているクラブには馴染みません。健康になりたい人は、健康を第一にしているクラブを選ぶとよいでしょう。クラブチームの目標と個人の目標が一致していることが理想であるし、長続きもします。

健康維持がクラブチームの目的であっても、クラブチームである限り試合に出る機会があります。試合には積極的に出ることをお奨めします。試合に出るとチームも個人も変わってきます。勝ち負けによる嬉しさ、悔しさを味わえるのもチームに所属しているからです。自身（個人）が試合に出なくてもチームの応援をしたくなるものです。チームのためクラブのためとなります。

チームに所属すると集団力学が働き、個人はその集団の一員として一緒に行動（活動）することになり、喜怒哀楽をともにします。いずれ自分にも試合に出るチャンスが巡ってくるのでは、と思うようになります。私自身は昔からスポーツでの（ギャンブルではない）「勝った負けた」の勝負ごとがたまらなく好きです。

4) 卓球でなく、なぜバドミントンを選んだか

卓球とバドミントンはよく似ています。ラケット競技である、室内競技である、少人数でもできるなど、数えればきりがありません。しかも高齢になるとバドミントンよりも卓球の行動者率が高くなります。確かに卓球はバドミントンに比べ激しい運動ではありません。それなのになぜバドミントンを選んだか、それは私が中学まで卓球に没

第Ⅱ部　シニア初級編｜95

頭し、それなりの成績を残していましたので（1958（昭和33）年秋田県中学卓球選手権個人の部で第3位）今さら卓球をして古傷をさらけ出すよりもバドミントンを選んだほうがプライドに傷がつかないからだと思っています。それに狭い範囲で繊細な神経を使う卓球よりも、少し激しいが広範囲を動き回るバドミントンをやってみたい気持ちになったことも事実です。

第8章　クラブに入会するときの注意点

1. 自分の目的に合ったクラブを選ぶ

1）クラブの目的と個人の目的の一致がベスト

　健康のためにバドミントンをするのか、仲間と楽しく過ごすためにするのか、上達するためなのか、など何のためにクラブに入会するのかの目的をしっかり持たなければなりません。みんなバドミントンをやりたいと言っているからとか、友達がやっているからといったあやふやな動機でクラブへ入会しても長続きしません。具体的な目的が必要です。目的は一つでなくてもよいのです。主たる目的が体を動かし健康の維持増進で、従たる目的がストレス発散でも構いません。ただし、クラブチームにもチームのカラーや目的があります。クラブチームが技術の向上、バドミントンレベルの向上、試合に勝つことを目的に練習しているところに、入会希望者が健康のため、仲間と楽しく過ごすためを目的として入会しようとしても長続きはしません。クラブチームの目的とこれから入会する個人の目的が乖離していると入会後にトラブルを起こすことが多くなるからです。

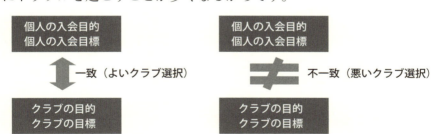

2）クラブである限り上達したい人の集りである

　クラブ会則の目的には会員相互の協調・親睦を図り云々となってはいても、協調・親睦だけが目的ではありません。現実にはチームの所

属する種目を問わず、少なからず上手くなりたいと思って練習している人たちが多いのです。そうでないとクラブチームとして長続きしません。上達は無関係、健康のため単に和気あいあいと遊び半分だけに編成されたクラブチームは魅力がありません。スポーツは同じチーム内で試合をしたり、あるいは他のチームと練習試合をしたり、地域の大会に出場したりすることで、勝った喜び、負けた悔しさが味わえます。バドミントンクラブもそうです。多かれ少なかれバドミントンを上達したいと思っている人たちの集団です。ただし、上手になろうとしている程度はクラブにより差があります。中学・高校・大学のスポーツクラブのように上手になること、強くなること、試合に勝つことに力点を置いて練習するクラブもあれば、それほど猛練習にこだわらないクラブもあります。クラブチームに入会するときはこの点をしっかり見極め、自分がどのレベルを目指しているかにマッチしたクラブチームを選択するように心がけましょう。

3) 週2回以上は練習できるチームを選ぶ

　クラブチームの練習は、週1回から3回までのところが多いと聞きます。週2回以上練習しているクラブに入会することをお奨めします。週1回では少なすぎます。健康面からも週2回以上の運動が適当といわれています。近くに週1回の練習を行っているクラブが多いならば、2つのクラブに所属すればよいのです。ちなみに私は現在2つのクラブに所属しており週3回練習をしています。

2. クラブ会員規約を確認しておく

　通常、クラブには会員規約（会則ともいう）があります。私の所属するクラブチームの「会員規約」条項を参考まで表Ⅱ-5に示します。
　クラブへの入会に先立ち会員規約を確認しておくことが大切です。そして、規約に同意できることを確認してから入会すべきです。入会

後に"私の思っていたことと違う"、"何でこんな規約になっているの"など、「自分の思いと規約の食い違い」はトラブルの原因になります。入会前に規約を確認し納得のもとに入会すべきです。よくあるトラブルを三つあげておきます。

表II-5　バドミントンクラブの会員規約例（条項のみ）

第1条：名称	第7条：役員選出
第2条：目的	第8条：役員任期
第3条：運営	第9条：会計
第4条：入会	第10条：部外者
第5条：退会	第11条：慶弔
第6条：役員	第12条：規約の変更

1）休部時や練習回数が少ないときの会費について

　1か月間まるまる練習を休んだのに会費を支払うようになっていた。あるいは家庭の事情で月に1回しか練習に行けなかったのに普段通りの会費を支払う必要があった、などは所属クラブの規約に従わなければなりません。思い込みで"なんで練習をしていないのに会費を払う必要があるの"では通用しません。

2）子供と一緒に練習したときの料金について

　子供がまだ小学生や中学生のとき、家に子供を1人にするより練習会場に連れてきたほうが安心とのことで子供と一緒に練習に参加することがあります。特に夏休みなどの期間中に多く見受けられます。会員の子供だから無料だと思っていると規約に従い会費を請求されることがあります。この点についても規約を確認しておく必要があります。

3）慶弔金について

　会員の配偶者や親族が死亡した場合、結婚のお祝い金や病気または怪我などによる入院によるお見舞金などは金額的には大きい額ではないのですが、"あの人がいただいたのに私はいただいていない"など

第II部　シニア初級編 | 99

の不公平があってはなりません。運用次第では不公平感を感ずる場合があります。気分を害さないためにも事前の確認が必要です。クラブ規約もシンプルでわかりやすい内容にすることが望まれます。

　また、クラブでありながら規約を制定していないところもあります。会員規約は早急に制定し、年に1回は総会を行い、今後のクラブ運営について話し合うことをお奨めします。

3.　入会前にある程度レベルを上げておく

1)　バドミントン教室で実技を習う

　クラブチームのなかに専属のコーチがおり、初心者を一から指導してくれるところは稀です。まったくの初心者がクラブチームに入ると足手まといになり、嫌がられることがあります。極端な場合は入会を拒否されることもあります。たとえば、私の住む近隣の北九州市やその周辺の地域ではバドミントン教室があり、まったくの初心者を対象に週1回1か月あたり1500円程度の月謝で教えてくれます。このような教室で3か月から6か月程度習って、ある程度シャトルを打てるようになってからクラブに入会することをお奨めします。よほどの自信がある人は別ですが、教室である程度のレベルになってからクラブチームに入会するようにしたほうがスムーズに受け入れられます。

2)　バドミントンのルールとマナーはご自身で学習する

　バドミントン競技は他の競技と同じようにルールやマナーがあります。サーブをウエストより高い位置から行う（第Ⅱ部4章1節、図Ⅱ–5参照）、レシーブはショートサービスラインより前で構えてはならない、故意にプレーを遅らせるなどはルール違反です。ミスをしたシャトルはミスをした側の選手が相手選手に渡す、試合中下品な態度や大声を出さないなどは選手のマナーです。ルールやマナー守るための知識は、バドミントンの教材やインターネットでも容易に入手できます

のでご自身で学習することを心掛けて下さい。

3) 入会前に体験させていただくことも大切です

クラブチームの責任者（部長、副部長など）を通じて2,3回練習体験をさせてもらうと、クラブチームの雰囲気がさらによく見えてきます。基礎練習をしている、ローテーションの練習もしている、練習は厳しいがチームワークはよい、雰囲気もよい、などは入会体験を通じて感じ取ることが好ましいです。

4.　クラブチームに入会するときの心掛け

1) クラブチームへの入会手続きは責任者を通じて行うこと

クラブチームに入会する意思が固まったら、そのクラブの責任者を尋ね入会依頼をしましょう。責任者がわからない場合は、クラブ員の誰でも構いませんので「責任者はどなたですか」と尋ねると教えてくれます。通常クラブチームには責任者（部長、副部長）と会計担当者はいます。もし、クラブに知り合いの人がいれば、その人を通じて責任者を紹介していただいても構いません。守るべきは必ず責任者に入会のお願いをすることです。

2) 入会依頼（手続き）時の態度が肝心

クラブに新しい会員が入会するときは、クラブ責任者のみならず、すべての会員がどんな人が入会してくるだろうか、という興味を持つものです。そして何気なく観察をするものです。したがって、入会する人は"横着な態度"、"不真面目な態度"、"生意気な態度"を取ることは禁物です。悪い印象を後々まで与えてしまいます。つまり、新しく入会する人は最初が肝心なのです。"感じのいい人が入会してきたぞ"、"いやなタイプの人が入会したぞ"の分かれ目は、この入会手続きのときから注目され、見られています。

第Ⅱ部　シニア初級編 | 101

COFFEE BREAK

理想的なグループ分け

　私の住んでいる福岡県遠賀郡岡垣町にスポーツ用品店 Beehive（蜂の巣の意味）がある。ビーハイブのオーナーである石井宏紀氏が蜂の巣のように"賑やかで活気あふれる店にしたい"という願いから名づけたとのことである。

　このスポーツ用品店が主催するバドミントン大会（Beejoy リーグ）は年に 4 回（3 月、6 月、9 月、12 月）、地元岡垣町で行われている。この大会は年齢別や男女別にグループ分けをするのではなく実力に応じてグループ分けをしている。ちなみに 2016 年 6 月に開催された Beejoy リーグではグループが A ～ H まで 8 グループ、1 グループが 4 チームから 5 チームで、1 チームが 6 人、参加者が 200 人超であった。

　試合はグループごとに 1 チーム 3 複のリーグ戦で行われる。

　Beejoy リーグの特徴は年齢別や男女別にグループ分けをせずに実力別にグループ分けしているところにある。なぜこのようなことができるか不思議であったが、実は石井氏が参加者の実力を正確に把握しているのでこのようなグループ分けが可能である、とのことであった。これは当店のスタッフが多くのバドミントンクラブに顔をだし、指導をし、バドミントン教室を開いたりしているので実力が把握できているとのことであった。

　我々のように 70 歳を過ぎた高齢者でもほとんど同じレベルの相手と対戦できる。したがって、試合内容も点数も伯仲していて面白い。高校生との対戦もあるし、若い女性との対戦もある。いずれにしても実力差がほとんどないのである。よくぞここまで参加者の実力を把握しているものだと感心している。この大会に出るのが楽しみである。もちろん私は、年 4 回行われる Beejoy リーグには 2 年前から毎回参加させていただいている。長く続いてほしいと願ってやまない。

第9章　クラブに入会してから心がけるべきこと

1. 日常練習前後の心構え

1) 率先して準備・後片づけをしよう

　新入会員は新入会員らしく振る舞うことです。練習開始時間の少し前に体育館に入り、ポール立て、ネット張り（図Ⅱ-15）、シャトルの準備を率先してしましょう。仮に新しく入った人が既存会員よりバドミントンが上手でも、理由もなく練習時間に遅れたり、準備を手伝わなかったりしたのではチームに溶け込めません。早くチームに溶け込むことが大切です。

　また、練習が終わった後の後片づけ（ネット外し、床掃除（図Ⅱ-16）など）も率先して行っていただきたいものです。

図Ⅱ-15　練習前のネット張り

図Ⅱ-16　練習後の床掃除

2) まずは従来の練習方法でやってみよう

　クラブチームによってはランニングや準備体操やフットワークなどをせず、いきなり試合形式をとっているところもあります。入会して早々に練習方法を「これを取り入れてほしい」、「あれは無駄だよ」、ということは慎み、しばらくはチームのこれまでの練習方法に従って練習したほうがよいと思います。"郷に入っては郷に従え"です。

多くのクラブは年1回「クラブの総会」が開催され、意見交換の場が与えられます。この場で練習方法などの意見を言ったほうがよいと思います。その言い方も今までの練習方法をけなす言い方ではなく、「こんな練習方法はどうでしょうか」と会員に問いかける形で言ったほうが「全員で決めた練習方法」となり、練習方法をスムーズに変更できます。

3) クラブ会員の名前を早く覚えましょう

年齢を重ねると、新しいことを覚えるのが難しいのはよくわかります。会員数が多いクラブでは会員の名前を覚えるのもなかなか難しいものですが、ある人に用事があるとき、いつまでも「すみません、ちょっと」と言っているようでは失礼になります。早く名前を覚え、名前で呼ぶように心がけましょう。名前で呼ばれた相手も気持ちのよいものです。

4) クラブ会費は決められた時期に支払うように

クラブ会費の徴収は、月初め、月末などさまざまでしょうが、決められた時期にきちんと支払うように心がけるべきです。支払いを延納したり、滞ったり、何か月間まとめ払いをしたりするのはよほどの理由がない限りはやめたほうがよいと思います。このようなことが原因で支払いミスやトラブルになることもあります。

2. 日常練習での心得

クラブによって練習方法はさまざまです。私の所属するクラブでは次のような順序で練習をしています。①準備体操、②ランニング、③フットワーク、④基礎打ち、⑤ローテーション、⑥ミス抜き、⑦試合形式の練習、⑧整理体操です。コーチのいるクラブは多少の違いはあるにせよ同じような練習内容を取り入れていると思います。以下、①

図Ⅱ-17　準備体操　　　　　　　　　図Ⅱ-18　ランニング

〜⑧の練習について高齢者が練習するにあたり特に注意すべき点をあげます。

1) 準備体操

　練習の前に行う体操が準備体操です（図Ⅱ-17）。準備体操は普段十分に使っていない筋肉や血管などに血流を送り込み神経組織に準備をさせることで事故や故障を防止します。特に60歳を過ぎた人の体は若い人に比べ筋肉の衰えと柔軟性に欠けるため、いきなり無理な体勢をとると怪我のもとになります。バドミントンの怪我で重大なものにアキレス腱断裂があります。これは運動の前のウォーミングアップやストレッチ不足によるもので、体操もストレッチもせずにいきなりゲームをすると断裂の危険性が高くなります。特に、体が温まりにくい冬場の発生率が高いことが予想されます。「たかが準備体操、されど準備体操」です。しっかり準備体操をしてから練習をしましょう。

2) ランニング

　ランニング時間には3分間とっています（図Ⅱ-18）。若い人のように早いスピードでのランニングはできないので無理をせず、マイペースのランニングを心掛けることが大事です。私は3分間のランニングを通じてその日の自分の体調を観察しています。「あまり調子がよくない」、「まあまあの調子だ」などを判断し、調子があまりよくな

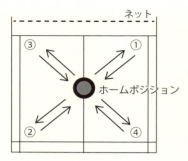
図Ⅱ-19　ホームポジションからのステップ

図Ⅱ-20　フットワークの練習

いときは無理をしないように心がけて練習しています。もちろんこの場合は、責任者にこのことを話して了解を得るようにしています。

3）フットワーク

　第Ⅱ部3章3節で述べたようにフットワークを3分間コート内で各自が行っています。フットワークのステップに決まったパターンはなく、各自が自由に練習しています。各選手とも最短距離で移動できるように左右の足の使い方とステップ順序を意識して移動するようにしているようです。私は図Ⅱ-19のホームポジションを中心に、前方左右と後方左右のフットワークを①から④の順に行うタイプを10回程度繰り返してステップを踏んでいます（図Ⅱ-20）。

4）基礎打ち

　基礎打ちは第Ⅱ部3章3節で述べたように、それぞれ2分間の時間をとって行っています。ここでは基礎打ちの打法と順序を紹介する程度に留めておきます。

　最初に「ドロップとロブ」の打ち合いを2分間交互に行い、次に「ドライブ」の打ち合いを、次に「プッシュ／レシーブ」の打ち合いを交互に行い、次に「スマッシュ／レシーブ」の打ち合いを交互に行っています。次はヘアピンを、最後はハイクリアを行っています。

基礎打ちは基本となる打法の訓練ですから、たとえばドロップなら
ネット際に正確に落とすこと、ハイクリアならコートの奥まで飛ばす
こと、ヘアピンならシャトルを浮かせないようにネットぎりぎりに落
とすことを心がけて練習することは言うまでもありません。

5）ローテーション

　ダブルスはローテーションができているか否かが極めて重要です。
ダブルスの勝敗はローテーションの良し悪しで決まるといっても過言
でありません。俗にいうコンビの悪い方が負けです。高齢になってか
らバドミントンを始めると、ローテーションをマスターするのが極め
て難しいことがわかります。素早い判断と素早い動作が難しくなるか
らです。我々のクラブではさまざまなタイプのローテーションを取り
入れて練習しています。

　例を一つあげると、「ドロップ交互」というローテーションです。
これは相手のロブをドロップで返し、トップ＆バックの攻撃態勢をと
り、いつでもスマッシュやプッシュで得点できるような態勢をとりま
す。ところがドロップで落とされた相手はヘアピンで返してくるので
攻撃するのではなく、トップ（前衛）にいる人はロブで相手コート奥
に返すのです。そして相手の攻撃に備えて素早くサイド by サイドの
守備態勢を取ります。相手はロブをドロップで返球してくるので、守
備態勢の近い方がヘアピンで返します。このように相手のシャトルが
ロブの返球により高く上がってきたら攻撃態勢の位置（トップ＆バッ
ク）に移動し、逆に味方がロブを上げたら守備態勢の位置に（サイド
by サイド）移動するローテーションの練習です。つまり攻撃から守
備へ、守備から攻撃への態勢入れ替えの練習です。他に「スマッシュ
交互」や、さまざまなパターン（プッシュやクリアなど）を想定し、
多様な状況に適応できるように練習をしています。

第Ⅱ部　シニア初級編　｜　107

6）ミス抜き

　1コートを6人で使います。2人は待機します。ダブルスの練習でミスをしたらすぐに入れ替わる方式をとっています。試合形式の練習で、1人の選手がミスを2回した場合に待機している人と入れ替わる方式を取り入れた練習方法です。

　1コート4人で競技しますが、正式の試合のように4人固定ではなく、ミスに伴う入れ替わりが頻繁に行われるため、選手の回転率がよく、待ち時間が少なくなります。また、技術レベルのさまざまな人と試合形式の練習ができるため面白みがあります。何よりも、勝負にこだわらずに試合形式の練習ができるのがこのミス抜きのよいところです。

7）試合形式の練習

　1日の練習時間3時間のうち、約半分の1.5時間は練習試合に時間を使っています。誰が決めたわけでもないでしょうが、クラブチームのトップレベルの選手がAコートを使い練習試合をすることが多く、Bコートは次のレベルの人たち、Cコートは次のレベルの人たちが使う、という具合に行っています。

　コーチはたまに試合にも参加することはありますが、ほとんどは各コートを巡回しながらその場で正すべき点を指導しています。まさに5ゲン主義（現場、現物、現実、原理、原則）の徹底した指導です。たとえば試合中に後方左隅にシャトルが打ち返され、2人が一緒にシャトルを追いかけて衝突しそうになり、危ないので互いに見合いをしてシャトルを返球できなかったなら、その場（現場）で、返球のために2人が一緒にシャトルを追いかけ（現物）、衝突しそうになった（現実）状況を捉えて、前衛の人は後方のシャトル追わないように、追うのは後衛の人に任せる（原理・原則）ことを指摘しています。あわよくば返球できたとしても前衛ががら空きになり、すぐネット際に落とされ決められてしまうという説明です。攻撃態勢の状態では前衛は前

衛に構え攻撃態勢に備える、後衛は後衛に位置取りして守備態勢に備える、バドミントンの基本的な実践指導です。

8) 整理体操

　練習後に行う体操が整理体操です。整理体操は運動により硬くなった筋肉を伸ばし、血流をよくする効果があります。それによって老廃物の排出がスムーズに行われ、疲労の蓄積や筋肉痛などを防止します。練習後の整理体操やストレッチ不足は翌日に筋肉疲労を持ち越し、肉離れの大きな原因となります。肉離れはアキレス腱断裂と同じようにバドミントンでは復帰に長い時間がかかるので要注意です。整理体操は全員そろって行うことをお奨めします。何人かが床掃除やネット片づけをしているとき「私たちは整理体操をしましょう」ではあまりにも配慮を欠いています。私は、全員そろって整理体操するのがクラブのマナーと考えています。

第Ⅱ部　シニア初級編 | 109

第10章　練習に対する取り組み姿勢

1. 練習で心がけていること

1）練習は真面目に取り組むこと

　ジュニア時代にバドミントンをしていた人（バドミントンの基礎ができている人）は別として、60歳を過ぎてからバドミントンを始めた人はなかなか短期間に上達しません。チームの練習方法に従い一生懸命努力しても簡単にはうまくならないものです。「少しでも上達したい」、「少しでも強くなりたい」と思うならば、熱心に練習しなければなりません。それにもかかわらず練習熱心でない人が見受けられます。"私は健康のためにクラブに入会したから"、"私は仲間と楽しく過ごすために入会したから"と言わんばかりの練習態度です。練習態度が悪く、いつまでも上達しない人はチームの仲間から相手にされず辞めざるを得なくなります。表Ⅱ-6はあるクラブを2年以内に辞めた理由と人数をまとめたものです。

表Ⅱ-6　2年以内に辞めた理由と人数

辞めた理由	人数
仕事を始めた	3人
チームに馴染めない	3人
練習不真面目	2人
上達しない	2人
体調不良	1人
夫の勤務先の変更	1人

　新たに仕事を始めたために辞めた人が最も多く3人です。このケースは女性に多く、パートで仕事を始めたとか、子供が大きくなりお金がかかるために働きだしたなどの理由です。次に多いのがチームに馴

染めないために辞めたケースです。俗にいう態度がでかい人、生意気な人、頑固な人など、以前からクラブに所属していた人との摩擦により辞めた人です。練習不真面目と上達しないで辞めた人に共通するのは「うまくなろうとする気持ちが少ない」、「強くなろうとする意識が足りない」ため、練習が不真面目でいつまでも上達せずに、他のメンバーから自然に避けられていく人です。もっと真面目に一生懸命練習に取り組めば何とかなったのに、と思われる理由です。体調不良と夫の勤務先変更のため辞めた人は、本人の責任でもなくチームの問題でもありません。表には書いていませんが妊娠して辞めた人もいます。どこのクラブでも起こる現象です。

2) 練習は1人でもできる

　バドミントンの練習は1人ではできないと思っているならそれは大きな間違いです。確かにシャトルの打ち合い（ハイクリア、ドライブ、スマッシュ・レシーブなど）をするには少なくとも2人必要ですが、サーブの練習やフットワークの練習、ラケットの素振りなどは1人でもできます。チームの練習開始時間より少しでも早く会場に来てサーブやフットワークを行うと上達が早くなります。

3) 練習場所は体育館だけではない

　バドミントンに限らず練習は体育館だけでしかできないということはありません。外でできる練習で一番効果が大きいのはランニング、縄跳び、筋トレです。60歳を過ぎてからバドミントンを始める人は、若い人に比べると「スタミナ」と「パワー」がありません。このスタミナとパワーは体育館で練習しなくてもつけられます。自宅付近を毎日20分ランニングするとか、2kgの鉄アレイを毎日朝晩20回持ち上げるなどの工夫をすればスタミナもパワーもついてきます。要は上手になろうという気持ちを持ち続けることです。60歳を過ぎてからはほとんどの人の体力が落ちてくるので、この部分を鍛えるか鍛えな

いかで見違えるほど体力差がつくのです。

2. 練習試合で心がけていること

　私は練習試合中によく注意されますが、修正できないプレーがいくつかあります。そのなかから5つほど練習試合で心がけていることを述べます。

1) チャンスは攻撃する

　練習と試合は連動しています。たとえばアウトのシャトルを練習だからといって打っているといつの間にか試合でもアウトのシャトルを打ってしまいます。試合は練習の延長であるといっても過言ではありません。

　相手のシャトルがやさしい高さに上がってきた場合、チャンスであるから私が攻撃すると判断し、パートナーは次の攻撃に備え前に移動します。ところが私はクリアーで返す悪い癖があるため、相手にみすみす反撃のチャンスを与えてしまいます。そのためパートナーは慌てて守備態勢に戻ります。ローテーション練習ではチャンスは攻撃的スマッシュやドロップを心がけているのですが、なぜか練習試合になるとできません。ましてや試合ではまったくできていません。パートナーに注意されながら何回も繰り返し練習しています。

2) ショートサーブをネット際に落とされたときの対応

　ショートサーブの返球に多いのが左右ネット際ぎりぎりに落としてくる返球です。60歳を過ぎると反応が鈍いためなかなか追いつきません。一歩届かない状態になります。この対策として必ず左右のどちらかに落とされることを予測して、どちらに落とされても拾えるように練習で鍛えておくことです。そのためにはサーブをした後にショートサービスラインとセンターラインの交差する位置に体を素早く移動

させ、どちらに落とされても追いつける態勢をとれるように繰り返し練習することにしています。

　私はサーブをすると一歩後ろに下がる癖があるため相手から左右のネット際にシャトルを落とされると、シャトルを見送ることが多く、触れることさえできませんでした。しかし、ネット際に落とされることを意識して練習を繰り返しているうちに今では半分ぐらいは返球できるようになってきました。

3）常にコートの中央に戻る癖をつける

　夢中になってシャトルを追いかけると2人が同じシャトルを追うことがよくあります。そうすると反対方向がガラ空きになり、相手に楽々決められてしまいます。同じ方向に追っていることに気がついたなら、すぐに追うのをやめてコートの中央に戻る癖をつけなければなりません。いかに素早くコートの中央に戻れるかの訓練です。私は守備タイプなので、本来パートナーが追うべきシャトルを一緒になって追うことが多く、空いている場所に落とされるケースが多かったのです。この対策としてパートナーが追っていたら追うのをやめ、早くコートのホームポジションに戻る練習を心がけています。

4）無理な体勢での返球はせずにパートナーにまかせる

　パートナーによく注意されるのになかなか修正できないプレーがあります。それは本来パートナーが返球すべき打球を私が無理に追いかけて返球するため、遠くまで飛ばない、スピードが出ない、ねらった位置に落とせないなどで、相手の意のままに攻撃されるケースです。

　図Ⅱ-21 を見ていただきたい。クリアーで返球されてきたシャトルが、たとえコート中央右側に飛んできても A（パートナー）が返球すべきです。B（私）がフットワークを使い回り込んで返球しようとしても充分に回り込めず無理な体勢に陥り、窮屈な姿勢から返球することになります。そのため遠くに飛ばすことができなくなり、相手の

第Ⅱ部　シニア初級編　| 113

反撃を受けます。Ａにまかせる一つの目安はＢが回り込んでも頭よりも左側ならパートナーにまかせるべきです。

5) 腕が自然に下がる悪い癖

　私はサーブをした後、腕が自然にダラリと下がる癖があります。あるいはプレー中に腕が下がります。腕が下がっていると相手の攻撃に対する反応が遅れて、返球できなくなる可能性が高くなります。特に、サーブを相手から素早いプッシュで返球されるとほとんど対応できません。練習試合を通じて腕を上げるように心がけてはいますがなかなか癖はなおりません。

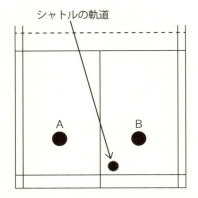

図Ⅱ-21　誰が返球するかの見極め

COFFEE BREAK

入会3年で急成長したS氏の例

　S氏は大手ソフトウエア会社で長年営業の仕事をしていた人物である。仕事上得意先の接待や不規則な勤務で体調を崩したことがあったと聞いている。そのS氏が定年退職後2年過ぎてから私の所属するバドミントンクラブチームに「入会したい」と申し出てきた。私は正直言って断られるだろうと思いながらも当時の責任者（部長、副部長とも女性）に紹介した。結果は断られるどころか入会を許可されたとのことであった（後でわかったことだが、クラブに入り真面目に一生懸命練習したいという熱意が入会許可につながったようだった）。

　S氏は練習日には必ず1番に体育館に来てネット張り、シャトルの準備など率先してクラブ会員が練習しやすいようにした。練習が終わった後の後片づけ（シャトル、ネットの片づけ、床掃除など）をし、シャトルを自宅まで持ち運びをした。それも好んで行っていた。

　練習では何一つ嫌がらず初心者の女性に交じって指導を受けていた。この時期が一番つらかった時期でもあり、また成長する楽しみの時期であったかもしれない。1年半続いた。S氏はかなり成長して初心者コースを卒業し、一般に練習しているグループと一緒に練習することになった。

　S氏は現在クラブに入会してから6年経つ。今でも練習日には体育館に1番に入り、練習のための準備・後始末をしている。またバドミントンの道具（シャトルや薬やハサミなど）の持ち帰りも続けている。そして、最近では対外試合に出るようになった。チーム内の信頼も厚く、今ではクラブになくてはならない存在にまで成長している。おそらく彼もバドミントンに魅せられた者の一人であろう。

　S氏はあるクラブチームに所属しながら、新たなクラブチームを立ち上げた。このチームはS氏のポリシーを活かして、誰でもバドミントンをしたい人ならば入会してもよいオープンなチームである。当初4人でスタートしたクラブだが、1年半後には15人程度までに増えた。このなかには不治の病にかかっている人もいる。S氏の人望の厚さが多くの会員を呼び込んだのである。

第Ⅱ部　シニア初級編 | 115

第11章　遠大な計画と飽くなき挑戦、そして引き際

1.　目標設定とその達成に向けての練習

1）まずは年度始めに目標設定

　私は74歳、パートナーは72歳です。この年齢になると規模の小さな大会（私の場合、福岡県遠賀郡岡垣町、水巻町、遠賀町、芦屋町のどこかの町で開催される大会を指す）では最高齢の出場選手になることも珍しくありません。規模の小さな大会では、通常、男女別、クラス別（レベルの高い方からA、B、C）に分けて試合が行われます。最近は60歳以上の人を対象にマスターズを設けている大会もあります。我々はA、B、Cクラスの出場を見合わせてマスターズに出場することにしています。そして目標を"目指せ1勝"としています。年度目標です。この目標は、過去の我々の試合結果や同クラスの選手たちのレベルを見ながら決めています。今の実力と目標とにあまりにも差がある場合は目標を勝つことにこだわらず、点数にして15ポイント以上ゲットすることにしています。ただし、簡単に達成できる目標だけは設定しないことにしています。少し高めの目標を設定し"無理せず"をモットーに練習しています。この目標設定は私が長年の仕事を通じて経験した方法です。

2）目標と現実とのギャップを認識

　私のように高齢になってからバドミントンを始めた人はレベルの低いところにいます（図Ⅱ-22のレベル0）。マスターズで年1、2勝するにはレベルギャップがあります（レベル0からレベル5までの差）。まずは、このレベル差を認識しなければなりません。そして、このレベル5まで引き上げるにはどのような練習をするかです。言い換えるといかにして1、2勝できるレベルまでレベルを向上させるかです。幸

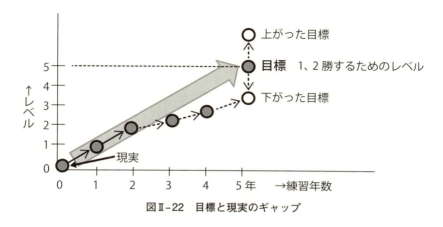

図Ⅱ-22　目標と現実のギャップ

いマスターズの選手は10代や20代のように伸び盛りは過ぎているので、とてつもなくハイレベルではありません。そのため、目標とのレベルギャップが下がることがあっても上がることはありません。その意味では我々が怠けず、工夫しながら、地道に練習を重ねると目標達成が可能です。

3）伸び悩み時期から練習の切り替えが大切

　所属クラブで週2、3回練習していると、1、2年間は順調に実力もついてきます（**図Ⅱ-22実線の矢印部分**）、しかし3年目頃から伸び悩む時期に差しかかります（**図Ⅱ-22点線の矢印部分**）。誰でも経験することです。この時期をいかに乗り越えるかです。その答えは自分を変えることです。新しい挑戦です。

　歳をとるとどうしても保守的になります。新しい練習方法に抵抗を感じます。最初の1、2年はそれでもよいのですが、その後は同じような練習を繰り返していたら伸びません。新しい方法といっても若い人と一緒に同じ練習をするのではなく、たとえば少し自分よりも上手な人との練習試合を多く取り入れるとか、今まで守備タイプのプレーをしていたのを攻撃タイプに変えるとか、今までよりフットワークの練習を多く取り入れるとか、自宅に帰ってからも鉄アレイやハンドグ

リッパーで手首を強くするとか、ランニングでスタミナをつけるとか、今までの練習方法を変えていくのです。自分自身の変革です。

2. 試合には積極的にでる

1) 全国大会・県大会レベルには年1回参加を目標

　県レベルのシニア大会は年齢別にグループ分けして試合をするように組まれているため、我々は70歳以上のダブルスにエントリーしています。最近は70歳以上の参加者が多いため、さらに4パートに分けて1パート3〜4試合できるように編成されています。私は70歳以上のダブルスで1勝するのに3年かかりましたが、この1勝したときの感激で何とも言い表せない喜びに浸ったことが今でも時おり浮かんできます。

2) 地域の大会には年2回参加を目標

　我々が住んでいる福岡県遠賀郡の各町（岡垣町、水巻町、遠賀町、芦屋町）が主催する大会には年2回ほど参加することを目標にしています。各町の大会は全国・県レベルのように年齢を細かく分けていないため（年齢を細かく分けるとグループごとの人数が少なくなり、試合ができなくなる）、我々は60歳以上マスターズのグループにエントリーしています。ここでは3年間試合に出ていますが1勝もしていません。何とも残念な限りです。

3) 地元岡垣町のスポーツ用品店が主催する大会は毎回参加を目標

　地元岡垣町のスポーツ店（スポーツ・ビーハイブ）主催の大会は年4回開催されています。この大会は実力ランク別（A〜H）にグループ分けして団体戦を行っています。我々のチームは下から2番目のGグループにエントリーしています。

　私が74歳、パートナーが72歳のため地域の大会や地元岡垣町の大

会では参加者のなかでは最高齢者かもしれません。勝負にかかわらず
"我々が最高齢者だぞ"と自負しています。参加するだけでわくわく
するのです。団体戦の試合はシングルス戦やダブルス戦とは違い、喜
怒哀楽がチーム全体で共有できます。これが次の試合への励みにもな
ります。団体戦のよいところでもあります。

4）試合に出て味わうことができる「勝つ楽しさ、負ける悔しさ・情けなさ」

　2016年6月26日（日）にビーハイブ主催のバドミントン大会（Beejoy
リーグ）がありました。私の所属チーム「Mondays」は実力ランク
別で下から2番目のGグループにエントリーしました。このグルー
プには5チームがエントリーしていました。実力は伯仲していてどこ
が優勝してもおかしくなかったのですが、我々が運よく優勝できまし
た。4試合ともすべて2勝1敗の戦績でした。「Mondays」結成2年
にして念願の初優勝です。優勝できたのは女性ペアの全勝による貢献
が大きかったと思っています。

　2週間後に岡垣町の女性なら何度でも行きたくなる「レストラン葡
萄の木」で祝賀会を設けました。私は過去にさまざまなスポーツ競技
（野球、卓球、ソフトボールなど）を行ってきましたが、50年近く優
勝から遠ざかっていました。所属するチームの優勝は嬉しいものです。
大会の規模にかかわらず、どんな大会でも出場しないと勝つ喜び、負
ける悔しさ、自分たちの力のなさを味わえません。

3. 良き人間関係をつくる

1）パートナーとの信頼関係

　2016年8月19日（金）毎日新聞夕刊1面に「高橋・松友組金メダル」
と大きな見出しが出ました。もちろんリオ五輪バドミントンのことで
す。見出しの横に「信頼が生んだ逆転劇」とサブタイトルもありまし

第Ⅱ部　シニア初級編 | 119

た。最終3ゲーム目16対19の劣勢場面から「2人で一つ」と自負する流れるような連続攻撃で相手に息つく暇も与えない逆転勝利でした。最後は相手の返球がネットにかかり、5連続ポイントで金メダルをもぎとったのです。その瞬間、高橋はコートに倒れ込んで涙を流し、松友は満面の笑みで飛び跳ねていました。まるで性格の違う2人が10年もの長きにわたりコンビを組み、お互いの長所やすごさを認め合うなかから自然に信頼が築かれ、2人の共通の目的である金メダルへの強い思いが揺るがなかったからこそ達成できた偉業であろう、という内容の記事でした。

バドミントンは信頼関係が大事です。まずはパートナーとの信頼関係を良好なものにしなければなりません。「パートナーと組むのが楽しい」、「パートナーと一緒に試合に出るのが楽しい」という関係です。

2) クラブ所属メンバーとの人間関係

2016年5月12日（木）23時からNHKで放映された「幸福な人生を送るには？　ハーバード流人生満喫術」のなかで、健康と幸せの秘けつは、お金持ちになることでもなく、有名になることでもなく、権力者になることでもなく、一番は良好な人間関係からもたらされることであると報告されました。ハーバード大学の研究者たちが75年以上の年月をかけて調査した結果から明らかになったことでした。親子の関係、夫婦の関係、家族の関係、友達関係、仕事場での人間関係、地域住民などの人間関係です。良好な人間関係こそが人間を幸せにする秘けつであるとの話でした。

バドミントンクラブの人間関係も同じと考えます。人間関係は裏を返せば信頼関係です。良き人間関係（信頼関係）は①ルールを守る、②時間を守る、③言行を一致させる、④うそをつかない、⑤相手を裏切らない、⑥差別をしないなどが基本です。所属クラブ内で派閥をつくり、気に入らない会員を除け者（邪魔者）にするなどは言語道断です。クラブ存続の危険性さえ感じます。クラブの指導者は会員から"こ

のクラブに入会してよかった"、"楽しかった"、"少しは上手になった"
といわれるようなクラブを心がけてほしいものです。

4. 所属クラブを辞めるタイミング

　長年お世話になった所属クラブをいずれ辞めなければならないとき
がきます。どのような状態になったとき辞めるべきかを考えてみます。
　少なくとも練習中に大怪我をしたため、あるいは突然めまいに襲わ
れて倒れ、そのまま寝たきりになり辞めざるを得ない、などだけは避
けたいものです。それでは何を基準にどのような状態になったとき辞
めるべきでしょうか。当然のことながら、辞める前にドクターに相談
することが理想であり、選手個々人の体力差、バドミントン能力の個
人差があるので、あくまでも自身の辞め時を判断する目安としていた
だきたいと思います。

1) 77歳（喜寿）が辞め時の目安

　私は、体に問題がなくても77歳がバドミントンクラブを辞める年
齢の目安と考えています。一度、今後も続けるべきか辞めるべきかを
冷静に考える年齢であると思っています。
　図Ⅱ-23は定年後にバドミントンを始めた人のライフサイクルで
す。このライフサイクルは私が考えたものであり科学的根拠はありま
せんが、自分自身の経験や同じクラブに所属する周りの高齢選手を見
て大胆に描いたものです。クラブに入会した時期を定年後退職時の
60歳とすれば3年後の63歳まではバドミントンの能力（技術力など）
が大きく伸びる時期です。製品ライフサイクルにたとえるならば導入
期／成長期に相当します。その後、能力向上は鈍り平行線をたどりま
す。能力向上は期待できないものの維持はし続けます。この期間は概
ね10年間続き、73歳ごろまで持続できます。製品ライフサイクルの
安定期／成熟期に相当します。73歳ごろを境に徐々に能力が低下し

第Ⅱ部　シニア初級編 | 121

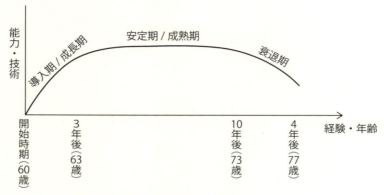

図Ⅱ-23　定年後のバドミントンライフサイクル

ていきますが75歳ごろから急激に低下します。衰退期に相当します。バドミントンを定年後に始め引退するまでのライフサイクルをヒューリスティック（厳密な論理で一歩一歩答えに迫るのではなく、直感で素早く解に到達する方法）に描いたものであり、年齢と体力の衰えとバドミントン能力の低下から辞める時期を判断するための一つの目安として考えたものです。

2）病的症状が出てきた

　定年後に始めたバドミントンがとても楽しく、上達するのが目に見えてわかる時期でも次のような症状が繰り返されるようならまずはドクターに相談することをお奨めすします。クラブを辞める決断はドクターとの相談後がよいでしょう。

①疲れが激しい／疲れが取れない

　原因不明ですが、すぐに疲れる、疲れが激しい、疲れが取れないなどの症状が続く場合です。練習が楽しい、積極的にみんなを引っ張っているような人にはこのような疲れは少ないでしょうが、受け身の練習をしている人、練習が楽しくない人にこのような症状が起こることが多いのではないでしょうか。ストレスが原因かもしれません。

②体の一部の劣化が激しい

　膝が痛い、肩が痛い、肘が痛い、腰が痛いなどは個々人の持って生まれた頑丈さにも影響されますが、少し弱ってきた部位（膝や肩など）をケアせずに長年酷使すると痛みが激しくなり正常に戻すことができなくなります。練習を暫く休んでも治らない、ひどくなると手術をしないと完治しないといった状態に陥る場合があります。

③加齢を感ずる症状がでてきたとき

　足がもつれる、めまいがする、手足がしびれる、片頭痛が収まらない、動悸／息切れが激しいなどの症状が出てきたときは、そろそろバドミントンが年齢相応の種目でなくなってきたか、急激な体調変化で体力が弱まっているか、あるいは病的な原因を抱えているかです。引退も考えるべきですが、バドミントンから卓球へ、ウオーキングへと他のスポーツに切り替えることも視野においたほうがよい年齢です。"警告が発せられた"と受け止めましょう。

④初期の認知症を感じるようになったとき

　同じ練習仲間の名前がでてこない、点数のカウントができなくなった、物忘れがひどいなど初期の認知症が出てきたときです。自分自身で認知症を自覚している人は問題ありませんが一番困るのは、本人が認知症になりかかっているのに頑固で、絶対に自分が間違っていないと我を張る場合です。当人の気持ちを害さないためにも、親友を通じてサジェスト（暗示：本人にそれとなく知らせる）していただくのがベターと考えます。

5.　所属クラブを辞めるとき

　私の所属するクラブでは、クラブを辞めるときご挨拶とお世話になったお礼に御菓子を差し入れして退部する習慣があります。この習慣の良し悪しは別にして、私も辞めるときはこのようにしたいと考えています。クラブを辞めても長い間お世話になったクラブへの感謝は

続くものであり、これからもクラブは長続きしてほしいからです。た
まにはビジター（都度お金を支払い練習させてもらう制度）として古
巣クラブに顔を出すかもしれません。"立つ鳥跡を濁さず"です。よ
い関係を保ったまま退部したいものです。

　私の所属するクラブでは、長年にわたりクラブに貢献してきた人が
辞めるときは送別会を行っています。送別会の規定はありませんが、
誰からともなく「お世話になった人が辞めるのだから」、「クラブに貢
献した人が辞めるのだから送別会をしましょう」という声が出てきま
す。所属会員全員が送別会を行うことに賛成なら送別会を行うことに
違和感はありませんが、なかには反対意見の人もいます。クラブを辞
める人の送別会は人間関係も絡んで難しくなります。TPOであり、
柔軟に考えなければなりません。

6.　引退後は初心者指導が夢

　60歳を過ぎてまったくバドミントン経験のない人がクラブチーム
にいきなり入会するのは勇気がいります。あまりにもレベル差が大き
いからです。仮に入会できたとしても、クラブチームのなかに初心者
を指導してくれるコーチがいない場合は、所属メンバーと一緒に練習
や試合ができずに辞めてしまうケースが多くなります。

　私は初心者を指導する教室を開き、半年ぐらい時間をかけて、ある
程度シャトルを打てる選手にまで育てるのが夢です。これからバドミ
ントンを始めようとする人に対してはクラブチームに直接入会する前
に一度バドミントン教室で指導を受け、ある程度のレベルに到達して
から入会していただきたいからです。そのほうが、入会する人も、受
け入れ側のクラブもスムーズになります。ところが初心者を指導する
バドミントン教室は大都市には見受けられますが郡部の町村地域には
数多くありません。私の住んでいる遠賀郡岡垣町はバドミントンの盛
んな町ですがバドミントン教室は見当たりません。

初心者がバドミントン教室である程度のレベルまで達すると、あと
は本人の希望でもっと上手になるためのクラブチームに入会すること
も可能ですし、楽しみながら健康維持のためのクラブチームを選択す
ることも可能です。要はまったくバドミントン経験のない人がいきな
りクラブチームに入会して辛い思いをするよりも、初心者を一から指
導してくれるバドミントン教室で週に1、2回、半年程度練習をしてか
ら次のステップにつなげていただくための橋渡し役です。

　私の現役引退後は、バドミントン初心者→シャトルをある程度打て
るレベルへ到達→クラブチームへの入会、の流れのなかで初心者を指
導し、クラブチームにスムーズに入会できるための橋渡しを担おうと
考えています。そのためには、この考えに賛同していただける多くの
人たちの協力をいただきながら進めたいと思っています。

第Ⅱ部　シニア初級編 | 125

第Ⅲ部　強くなるため・勝つための強化練習

執筆　池田明男

第 1 章　シニア選手が全日本シニア選手権で上位入賞を
　　　　目指すための基本的な考え方

第 2 章　強くなるため・勝つための 9 要素

第 3 章　フットワークの強化練習

第 4 章　パターン練習による強化

第 5 章　ノックによる強化練習

第 6 章　レシーブの強化練習

第 7 章　試合による強化練習

第1章　シニア選手が全日本シニア選手権で 上位入賞を目指すための基本的な考え方

1.　まずは発想を転換せよ

　第Ⅲ部では全日本シニア選手権で上位の成績をおさめるための練習法を教示します。

　シニアの選手（特に50歳以上）は実業団や大学や高校やジュニアで活躍している選手に比べるとパワー、スピード、スタミナなどの面で劣るためフットワーク、パターン練習、ノックなど、ハードな練習を取り入れていません。しかし、全日本シニア選手権で上位入賞を果たすには、今は練習していない"トップ選手の練習方法を取り入れるべきである"というのが私の持論です。

　私は40年以上にわたりジュニア選手のコーチをしてきた経験から、強い選手は普通の練習では育たないことがよくわかっています。必ず他の選手に比べ一歩先を行く練習をしています。これはシニアも同じであると考えています。シニアの練習には無理だといわれていたフットワーク、パターン練習、ノックを敢えて取り入れようとする考えです。まさに発想の転換が必要です。

2.　練習は段階的にレベルアップする

　シニアの練習に"全日本のトップ選手の練習方法を取り入れましょう"と言いましたが、"まったく同じようにやりなさい"と言っているのではありません。"無理せず、楽せず、諦めず"をモットーにやっていただきたいと思っています。決して無理をしてはならないのですが、楽をしてはダメで、ましてや諦めるのはもっとだめです。それではこの練習法をどのようにして実現するかを説明します。答えは使う時間の長さです。

最初の第一段階（仮に初級レベルとする）での練習はほとんどの人が達成できる時間を設定して練習します。たとえばフットワークなら左右2m間隔の順送りサイドステップを30秒間に15回繰り返すことにします。また、ドロップ交互のパターン練習（ロブ→ドロップ→ヘアピン→ロブの繰り返し）では1分間の練習でミスを5回以内に設定します。そして、トスノックではスマッシュとクリアーで10秒間に5回打てるようにするのです。"なぜこんな簡単なことを練習するの"と疑問に思う人がいるかもしれません。この第一段階の練習で重要なことは、今まで練習に取り入れていなかった新しい練習方法を行うことで、次のステップに抵抗感なくつなげることができるからです。

　第二段階（仮に中級レベルとする）では時間を短くすること、ミスの回数を少なくすること、あるいは返球打法にバリエーションを持たせるなどして目標設定を高くします。かなり練習を続けないと達成できないレベルになります。

　第三段階（仮に上級レベルとする）はシニア選手では上位の人にしか達成できない目標を設定します。挑戦目標です。このように全日本のトップクラス選手の練習を取り入れることによって、パワー、スピード、スタミナもついてくるのです。気がつくと他のシニアの選手に比べて圧倒的に体力差がつきます。次章以降で強くなるため・勝つための要素と、この要素を高めるためのフットワーク、パターン練習、ノックの強化練習法を教示します。

第Ⅲ部　強くなるため・勝つための強化練習　｜　*129*

第2章　強くなるため・勝つための9要素

　バドミントンが強くなるため、あるいはバドミントンで勝つためには図Ⅲ-1に示すように9つの要素があります。この9つの要素の向上が必要です。普段から9つの要素が高くなるような練習方法を考え、練習しなければなりません。

1. 9要素の内容

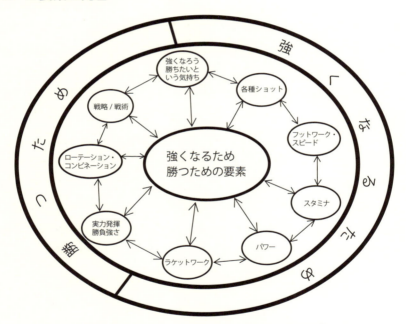

図Ⅲ-1　バドミントンが強なる・勝つための9要素

1) 強くなろう・勝ちたいという気持ち

　"今より少しでも強くなろう"、"この試合は勝ちたい"という気持ちが強いほど勝ちにつながります。「勝とう」という気持ちの強さで相手を圧倒することが重要です。強くなろうという気持ちを失ったと

きが成長も止まるときです。

2）各種ショット

　ショットのことを打法ともいいます。バドミントンで使われる攻撃的ショット（スマッシュ、プッシュなど）やレシーブ的ショット（ロビング、クリアーなど）など、あらゆるショットをマスターすることが基本です。たとえばハイバックのショットが遠くに飛ばないと、そこをどんどん攻められて窮地に追いやられます。

3）フットワーク・スピード

　フットワークがよいといえば、シャトルを素早く追いかける能力が高いことをいいます。シャトルを追いかける能力は強靭な足腰と瞬時の判断力、そしてシャトルを追いかけるステップから育まれます。まずは足腰を鍛えること、正しいフットワークを身につけることが重要です。次のスタミナ及びパワーとこのフットワーク・スピードはシニア選手の弱い要素です。

4）スタミナ

　スタミナは持久力ともいわれます。試合途中にスタミナ切れして逆転負けする選手が多く見受けられます。試合開始から終了までスタミナが持続するような体に鍛えるには、他の運動（縄跳び、ランニング、ダッシュ、筋トレなど）も併用すると効果が上がります。

5）パワー

　同じスマッシュでもシャトルのスピードに個人差が出ます。これは次に述べるラケットワークのうまさにも起因しますが、パワーの差も大きいのです。パワーは筋肉が素早い動きのなかでどれだけ強い力を発揮する能力があるかを表すもので瞬発力ともいわれます。スタミナと違い瞬時のショットに威力を発揮します。パワーもスタミナ同様に

第Ⅲ部　強くなるため・勝つための強化練習 | 131

他のトレーニング（腕立て、腹筋、高負荷での筋トレなど）で鍛えることができます。

6) ラケットワーク

ラケットを使う技術（技）をラケットワークといいます。ラケットワークを高めることでねらったコースにシャトルをコントロールすることができるため、バドミントンの練習ではショットのストロークと組み合わせてラケットワークをマスターするのがよいといわれています。

たとえば、オーバーヘッド・ストロークからのドロップショットならばラケット角度を調整し、ラケットのスイングスピードを抑えて相手のネット際に山なりにシャトルを落とすのです。ショットの種類により、ラケットの高さ、テイクバックの軌道、角度、スピードなどを変えなければならないため、練習を通じて体で覚えることが大事です。

7) 実力の発揮（勝負強さ）

うまいけど、強いけど、なぜか実力が発揮できない選手がいます。その要因は「あがる」ことが原因で普段の実力を発揮できないためです。「あがり」が原因で最初の5ポイントまで圧倒されるとズルズルと引き離されることが多いのです。正式な試合を数多く行い、経験を重ね早く自信をつけることに尽きます。もともと強い選手は数多くの試合と経験を積み重ね自信をつけています。自分のバドミントンスタイルを貫くことで自然に勝つコツがわかってきます。

8) ローテーション / コンビネーション

ダブルスだけに必要な要素です。ローテーションとは「ダブルスのインプレイで前衛後衛が入れ替わること」をいいます。素早く守備態勢をとり失点を防ぐ。逆にチャンスボールが来たときは、攻撃態勢に切り替え得点する動きです。一方、コンビネーションはダブルスのパー

トナーとの相性を指します。お互いが相手の長所短所を認め、相互補完することをいいます。試合中にパートナーのミスをふてくされた顔をしてやる気をなくす、悪口を言い合うなどは言語道断です。パートナーの長所を生かし、短所を補い実力以上の力を発揮するのは普段の練習から培われる信頼関係から生まれます。

9) 戦略 / 戦術

　試合に勝つための戦略 / 戦術とは何でしょうか。バドミントンの戦略は対戦相手に対して試合前に勝つために作戦を立てることをいいます。たとえば相手がフットワークに弱いなら、試合では「左右前後に振り回そう」とか、スタミナがないなら「長期戦に持ち込もう」とか、バックハンドが弱いなら「バックを徹底的に攻めよう」など、相手の弱点を事前に調べておき、そこを重点的に攻める作戦です。また相手の強いところを見抜き、どうすれば相手の強みを封じ込むことができるかを計画することも戦略です。フォアハンドのスマッシュが強烈ならばフォアハンドを使わせないような作戦を立てるのです。

　一方、戦術は試合中に実践する勝つための戦法です。試合が始まると戦略で立てていた作戦内容とは違う事態が起こることがあります。ダブルスで弱いと思っていた選手が、いざ試合になってみると強かったりする場合です。この場合は攻める相手を弱い方に切り替え、弱い方に的を絞りねらい撃ちする戦術をとるのです。試合中にいち早く相手の強み、弱みを見抜き、弱みを攻撃し、強みを封じ込むのが戦術です。

2.　9 要素を高くするための心がけ

1) 練習は 1 人でもできる

　図Ⅱ-1 を見ていただきたい。スタミナをつける、パワーをつける、素早いフットワークを身につけるなどは 1 人の練習でもできます。階

第Ⅲ部　強くなるため・勝つための強化練習 ｜ 133

段の上り下り、坂の上り下り、ランニング、筋トレ、ウエイトリフティング、縄跳びなどが役立ちます。体育館が使えない、バドミントンコートが使えないなどを理由に練習しないのは言い訳でしかありません。

2) コートでは実践的練習

　ショットの基本をマスターする、ラケットワークを習得する、フットワークを身につけるなどはコート内で練習したほうが効率的です。もちろんスタミナ、パワーなどの向上もコート内での練習が役立ちます。コートでの練習は、フォーメーション/ローテーション、ノック、コートラインぎりぎりに打ちこむスマッシュやプッシュ、ネット際のドロップやヘアピンなど、コートでしかできない実践的練習に多く使うべきです。

3. 経験が勝利につながる

1) 試合に慣れ自信をつける

　試合を前に緊張しない人はいません。しかし「あがり症」の人がいます。普段はできるのに試合になると雰囲気にのまれ、力を発揮できずに敗れるタイプです。不安になる、自分を見失う、硬くなる、力が入り過ぎるなどはあがり症からくる現象です。

　この現象は裏を返せば「自信のなさ」からきます。最初から自信に溢れた人間などいるわけがありません。一つ一つの積み重ねが大事です。ある課題に挑戦し、成し遂げ（あるいは失敗し）、達成感（あるいは屈辱感）を味わいます。また、次の課題に挑戦し、成し遂げ、達成感を味わい、成長し、自信をつけていきます。バドミントンも同じです。まずは試合に多く出て勝つ楽しみと敗ける悔しさを味わうことです。試合慣れすること、多くの経験をすることで少しずつあがり症を克服することができます。

134

2) メンタルトレーニングで集中力アップ

メンタルトレーニングは、心を鍛えることで、大きな試合やピンチの場面などで、普段どおりの実力を発揮できるように自分の心をコントロールすることをいいます。

リラクゼーショントレーニングは、競技直前に起こる緊張や競技不安を軽減するために、緊張感や不安感に対する感じやすさを低減するためのトレーニングで、代表的な深呼吸法は最も簡単でかつ実用的なリラクゼーション法です。長距離選手が好きな音楽を試合前に聞いているのも緊張をほぐすためです。

メンタルトレーニングで一番大切なことは、集中することです。せっかく適度にリラックスでき、自分の成功しているイメージを明確にしても、集中できていなければ結果につながりません。集中力はこの試合に勝つという一点に力を集中させることであり、この試合に懸ける気持ちの強さです。「勝ちたい意思」、「気合い」などを試合に同化させ集中力を高めることが大切です。

4. シニア選手のスピード・パワー・スタミナ向上策

強くなるため・勝つための要素で、シニア選手が若手選手に最も劣るのはスピードとパワーとスタミナの3大要素ではないでしょうか。高齢（ベテラン）なのでこの他の要素はさほど差がないものと推察しています。そこで3大要素向上策としてシニア選手にも敢えてフットワーク、パターン練習、ノックによる強化練習を取り入れていただきたいと思い教示することにしました。他のシニア選手との差別化につながります。そして、3つの強化練習は3大要素向上にすべて役立ちます。たとえばノックの強化練習はスピード、パワー、スタミナ強化に役立つばかりでなく、ラケットワークの向上や正確なショット打法にも役立ちます。私が指導しているバドミントンクラブ「岡垣ジュニア」ではフットワーク、パターン練習、ノックによる練習をすべて取

り入れています。小学校低学年からこの練習を続けているので、ジュニアでも中学生の上位クラスになるとスピード、パワー、スタミナが大幅についてきます。もちろん、ジュニアのなかでも年齢や体力やレベルにあわせて目標を設定しています。

第Ⅲ部の3章から5章まではシニア向けにアレンジした強化練習法を教示します。あわせて岡垣ジュニアの強化練習の一部を紹介します。

各クラブチームは、この3章～5章までに教示する強化練習をそのまま採用する必要はありません。それぞれの強化練習メニューはクラブチーム独自につくったほうがよいと思っています。また、シニアにおける初級、中級、上級レベルの目標値を参考までに記載しておきますが、これも各クラブチームで〝無理せず、楽せず、諦めず〟をモットーに設定していただいたほうがよいと思っています。

COFFEE ☕ BREAK

ジュニアコーチのジレンマ
―個性を伸ばし、基礎をしっかり身につける指導法―

　バドミントンに限らず、野球、サッカー、バスケット、バレーなどジュニアクラブで練習する人が多くなっています。若い年代から練習しないと全日本や世界に通用する選手が育たないという考えからでしょう。

　ジュニアクラブを指導するコーチは必死です。チームを強くし、優勝させ、名を上げることで保護者からは「あのコーチは指導がうまい」、「あのコーチは素晴らしい」と称賛され、クラブの人気が高まり、多くのジュニアがそのクラブへ入部してくるからです。

　一見、素晴らしいチームづくり、素晴らしい指導者であり、何ら問題はなさそうですが、果たしてこのような「勝つためのチームづくり」、「強くするためのチームづくり」は正しい選択でしょうか。特にジュニア世代を指導するコーチには考えさせられるテーマです。

　中学時代に全国制覇を何回も成し遂げたある中学のバスケットボール部から全日本代表選手が1人も出ていない。全国から注目されたリトルリーグのピッチャーが高校ではまったく伸びなかった、などの伸び悩み現象は選手本人の努力不足もあったでしょうが、選手の個性を抑え、チームの勝利を最優先する指導法からではなかったか。基礎練習を怠りジュニアの試合に勝つためのテクニックを優先した指導法からではなかっただろうか。コーチが近視眼にならず、もっと長い目で大きく育てるような指導ができなかったものかと疑問に思うことがあります。

　私は「岡垣ジュニアバドミントンクラブ」を立ち上げるとき二つのポリシーを掲げました。一つはジュニア選手一人ひとりの個性に合わせた指導をしよう。二つは今は負けることがあっても、成人/大人になったとき大きく伸びるような選手を育てよう。そのためには基礎を徹底的に鍛えよう。この二つのポリシーは今も変わりなく貫いていますが、現実にジュニアの大会で負けると保護者には申し訳なく思います。今、勝つための指導をするのか、大きく育つ選手として指導するのか、このジレンマはジュニアを指導するコーチに共通の葛藤であるかもしれません。

　私は、いつか選手にも保護者にも理解していただけることを信じ、原点を忘れることなく、二つのポリシーに従い指導を続けています。

第3章　フットワークの強化練習

　フットワークの強化練習は、シャトルを素早く追いかける瞬発力を身につけることが目的ですから①足腰を鍛える、②追いかける最短のステップを身につける、③瞬時の判断力を養う練習になります。③の瞬時の判断力は、本来バドミントンの経験を積みながら勘を養うものですが、ここでは第1歩目のステップが速く出るための訓練です。シニア選手にも適切な目標時間、あるいは目標回数を設定して練習するとモチベーションが上がります。

1.　順送りサイドステップによる強化

　図Ⅲ-2のように2.0m間隔のラインを3本引き、①②③…の順にサイドステップで往復します。最初にBラインのスタートラインに立ち、Cラインに向かって①②の順に右にサイドステップを踏みます。次に③～⑥の順にAラインに向かって左サイドステップを踏みます。続けて⑦～⑩の順にCラインに向かってステップを踏みます。このステップを20秒間繰り返します。ステップを踏むときの注意点としては次の通りです。

(1)必ず②のステップではCラインをまたぐ、⑥のステップではAラインをまたぐ。

(2)ひざと足に力を入れすぎず、進みたい方向の反対側の足をはじき出すように動かす。

(3)ひざと足を曲げ過ぎずリラックスした状態で立つ。

(4)腰を落とし過ぎないようにわずかに前傾姿勢をとる。

(5)リズムよく飛ぶようにステップを踏む。

　バドミントンの場合は腰を落としすぎると、実際にシャトルを追いかけるときの第1歩目が遅くなるため、腰を落とさずに前傾姿勢を取

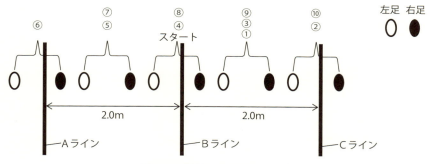

図Ⅲ-2 順送りサイドステップ

るようにしてください。

順送りサイドステップを 20 秒間行ったときの、目標往復回数を**表Ⅲ-1** に示します。シニア選手でも上級レベルの選手ほどスピードが要求されるので、ステップを踏む回数が多くなるように設定しています。

表Ⅲ-1 順送りサイドステップのレベル別目標回数（目安）

レベル	20秒間の目標往復回数	達成目標
初級	10～15回未満	1か月で全員が達成できるように
中級	15以上～30回未満	半年から1年で達成できるように
上級	30回以上	3年以内に達成できるように（挑戦目標）

2. 攻撃的フットワーク

このフットワークはシニアの選手にはかなり厳しく、きついフットワークのため上級レベルの選手はともかく、目標時間を達成できなくても問題ありません。無理をしないようにしてください。

【フットワークの動き】

図Ⅲ-3 の A 地点でスマッシュしてからスタートし矢印①に従い B 地点に移動しスマッシュをします。B 地点から矢印②に従い C 地点

に移動し相手コートにプッシュします。C地点から矢印③に従いA地点にクロスステップを踏みながら戻りスマッシュをします。A地点から矢印④に従いD地点に移動し相手コートにプッシュします。D地点から矢印⑤に従いB地点にクロスステップしながら戻りスマッシュします。B地点から矢印⑥に従いA地点に移動しスマッシュします。①～⑥を再度くり返して終了です（①～⑥を2回行う）。

シニア選手にはかなりハードなフットワークなので十分な時間を使って行うようにしてください。

攻撃的フットワークでの注意点は次の通りです。
(1) ①～⑥までのステップ及び打法の流れはスピーディに連続的に行う。
(2) クロスステップはスピードを落とさないようにする。
(3) スマッシュは肩をしっかり入れて行う。
(4) プッシュは相手コートをしっかり見て行う。

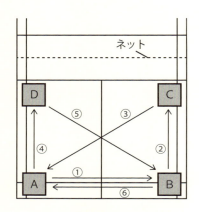

図Ⅲ-3　攻撃的フットワーク

攻撃的フットワーク①～⑥までを2回をくり返したときのレベル別目標時間は、**表Ⅲ-2**です。上級者ほど短い時間でフットワークしなければなりません。

表Ⅲ-2　攻撃的フットワークのレベル別目標時間（目安）

レベル	目標時間（①～⑥まで２回）	達成目標
初級	25～30秒	1か月で達成できるように
中級	20～25秒	半年から1年で達成できるように
上級	20秒未満	3年以内に達成できるように（挑戦目標）

3. 岡垣ジュニアのフットワーク練習例（4点移動式フットワークセット練習）

【フットワークの動き】

　図Ⅲ-4のように、コート全面を使い3人の選手を1グループにしてフットワークを行います。3グループ編成して、各グループの1人目からフットワークを開始します。

　Aからスタートし、矢印①に従いBに移動します。Bでプッシュをします。Bから矢印②に従いCの位置に斜め後ろにバックステップで移動します。Cではクリアーで返球します。Cの位置から矢印③に従いDに移動します。Dではヘアピンします。Dから矢印④に従いAの位置に斜め後ろにバックステップで移動します。Aではジャンピングスマッシュをします。矢印①～④までのステップが終わるとグループの1人目のフットワーク練習は終了です。

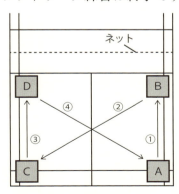

図Ⅲ-4　4点移動式フットワーク

矢印①～④の一連のステップをグループ3人全員が終わると1セットが終了です。3グループで各5セット行い、5セットのトータル時間をグループ単位で競いながらフットワーク力の強化を図ります。ジュニアの練習では競わせて全体のレベルアップにつなげることを多く取り入れていますが、シニア選手ではそこまでする必要はないと私は思っています。

【フットワークでの注意点】

(1)ラケットを持ってフットワークする。

(2)プッシュは相手コートに向かって正確に入れるようにラケット押し出す。

(3)バックステップは小刻みに踏まないで大きなステップでスピードをつける。

(4)クリアーは遠くに飛ばすことを意識してラケットを振る。

(5)ヘアピンはできるだけ高い位置で打つように心がける。

(6)ジャンピングスマッシュは足をしっかり床から上げてからラケットを振る。

　表Ⅲ-3にシニア選手1人が①～④までのステップを1回行うときのレベル別目標時間をあげておきます。

表Ⅲ-3　4点移動式フットワークのレベル別目標（目安）

レベル	目標時間（①～④まで）	達成目標
初級	10秒前後	1か月で達成できるように
中級	8秒前後	半年から1年で達成できるように
上級	6秒前後	3年以内に達成できるように（挑戦目標）

142

第4章　パターン練習による強化

　パターン練習は比較的シニアの練習で取り入れやすい強化練習です。あらかじめ決まった動き、決まった打法を設定しておくので、動きを予測できるからです。したがって第Ⅰ部4章で述べた「ドロップ交互」や「スマッシュ交互」をコート全面を使い4人で行うのは、シニアの練習でも取り入れているクラブも多いのではないでしょうか。ただし、次の2節で述べるような1人を2人で鍛えるような厳しい練習は、無理をしない練習法にアレンジしてください。

1．ダブルスでのパターン練習（パートナーとの連係プレー）

　図Ⅲ-5のようにコート全面を使い、表Ⅲ-4のようなショットによるパターン練習を行います。パートナーとの連係プレー向上、フット

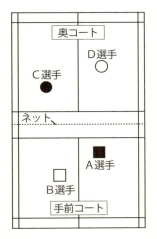

図Ⅲ-5　ダブルスによるパターン練習

表Ⅲ-4　選手交互のショットの種類と返球の方向

	ショットの種類と打つ方向	奥コート 選手	奥コート 選手	手前コート 選手	手前コート 選手
①	ショートサービス			A	
②	ヘアピン・クロス	C			
③	ロブ・ストレート			A	
④	クリアー・クロス		D		
⑤	ドロップ・ストレート				B
⑥	ロブ・クロス	C			
⑦	スマッシュ・ストレート				B
⑧	リターン・クロス（ネット）		D		
⑨	ヘアピン・ストレート			A	

⑥〜⑨を3回繰り返す（1サイクル）

【この表の見方】
①のショートサービスは手前コートのA選手が行う。
②では奥コートからC選手がヘアピンでクロスに返球する。
③では手前コートからA選手がロブでストレートに返球する。
以下、同じように、次の順番は何のショットでどこのコートからどの選手がどこに打つかを表している。

第Ⅲ部　強くなるため・勝つための強化練習 ｜ 143

ワーク向上、攻守切り替えリズム感覚の向上をねらった強化練習です。

シニアの場合、このパターン練習では1サイクル15秒が目安です。上級者ほどシャトルを落とさないで続けることが大切ですが、正確なショットを打つことも要求されます。たとえばドロップならばネットぎりぎりに落とす、ヘアピン・クロスならダブルスサイドラインぎりぎりに落とすなどです。表Ⅲ-5にレベル別目標値を示しておきます。

表Ⅲ-5　ダブルでのスパターン練習の目標（目安）

レベル	1サイクルでのミスの回数	達成目標
初級	3回以下	1か月で達成できるように
中級	2回以下	半年から1年で達成できるように
上級	1回以下	3年以内に達成できるように（挑戦目標）

2. 岡垣ジュニアのパターン練習例(1対2によるつなぎの強化練習)

この練習は、ジュニアのなかではレベルの高い強化練習です。動きから見てみましょう。

【パターン1　ロブでA選手を鍛える】

図Ⅲ-6のようにA、B、Cの3人でコート全面を使って練習します。パターン1ではA選手1人をB、C選手の2人で次のようにして鍛えます。

① BとCはAに対してバックラインぎりぎりのロブを上げます。
② Aは相手コートにドロップかカットで返球します。必ずBとCへ交互に返球させます。

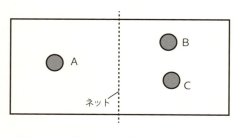

図Ⅲ-6　1対2でAを鍛えるパターン練習

③できるだけ長く①と②を続けます。ねらいはシャトルを落とさずに長くつなぐ練習です。

④次にBとCからのロブをAはスマッシュで打ち返します。これもBとCへ交互にスマッシュで打ち返します。

⑤ここまでの①〜④を5分行ったら、BがAの位置に、CがBの位置に、AがCの位置にローテーションを行います。スタミナとパワーとつなぐための強い意識が身につきます。

⑥3人のローテーションが一巡したら、このパターン練習は終了です。

ポイント：A選手はドロップ、カット、スマッシュにコントロールをつけること。B、C選手はクリアーをバックラインぎりぎりまで遠くに飛ばすことがポイントです。

【パターン2　ドロップとクリアーを混ぜてA選手を鍛える】

　図Ⅲ-6のように選手の位置はパターン1と同じです。

①BとCはAに対してクリアーとドロップを混ぜて返球します。交互とは限りません。

②Aはクリアーに対してはクリアーで、ドロップに対してはロブでBとCへ交互に返球します。

③できるだけ長く①と②を続けます。5分行ったらA、B、Cのローテーションを行います。

④3人のローテーションが一巡したら、このパターン練習は終了です。

ポイント：A選手の前後のフットワーク力強化。クリアーに対してもクリアーで遠くに飛ばすためのパワー強化と何としてもつなごうとする意識を強くするのがポイントです。

【パターン3　試合形式でA選手を鍛える】

　図Ⅲ-6のように選手の位置はパターン1、2と同じです。A選手を試合形式で鍛えます。

①サーブから始めて、試合形式のパターン練習です。ロングサービス

にはスマッシュ、ショートサービスにはプッシュ、ヘアピン、ロブ
などの返球を使います。

② A が 1 度ミスしたら、選手のローテーションを行います。1 分間
ミスしないのが目標です。

③ A を B と C が左右に動かして鍛えます。A は何とかしてつなぐこ
とを考えて返球します。

④ A に対して B、C は極端に難しい位置への返球を避け、何とか拾え
る位置へ返すことがコツです。

ポイント：守備から攻撃への切替えの強化、フットワークの鍛錬、長
くつなぐ意識の向上がポイントです。

第5章　ノックによる強化練習

　ノックによる強化練習は、選手が強くなるための要素であるフットワークスピード、スタミナ、パワー、ラケットワークなどさまざまな技術要素の向上に最も有効な練習です。

1．ラケットノックに対するスマッシュ＆プッシュ攻撃

【練習方法】
①図Ⅲ-7のようにノッカーはラケットを使い、ドリブンクリアーのようにコート奥に低めにシャトルを打ち出します（矢印①）。
②選手はコート奥からスマッシュを打ってネットにラッシュ（突進）します（点線矢印②）。
③ノッカーは、次のノックでシャトルをネット近くに打ちます（矢印③）。
④選手はネット前でプッシュし、後ろに移動します（点線矢印④）。プッシュはノックされたシャトルの位置によりフォアハンドかバックハンドを使い分けます。
⑤ここまでの①〜④を繰り返します。この練習では、3人がグループ

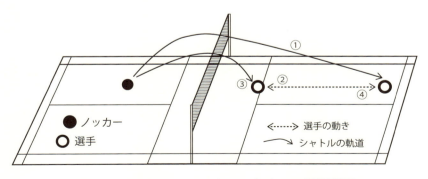

図Ⅲ-7　ノックによるスマッシュ＆プッシュの攻撃的練習

になり1人ずつ交代でこのノックを受けます。この場合、全体の時間に対して選手がノックを受ける時間は1/3になるため、2/3は休息時間になります。3分間このノックを練習したとすれば、1人のノック時間は1分で休息時間は2分になります。

【練習のポイント】

シニア選手のなかでも年齢、体力、スタミナ、パワーによりレベル別に目標を設定します。参考まで選手3人がグループになりノックを受ける場合のレベル別ノック回数を**表Ⅲ-6**に示します。

表Ⅲ-6　レベル別ノック回数とセット回数（目安）

レベル	3人が①～④まで連続してノックを受ける回数	セット回数	達成目標
初級	3～5回	2～3	1か月で達成
中級	5回以上	2～3	半年～1年で達成
上級	8回以上	3以上	3年以内に達成できるように（挑戦目標）

セット：初級レベルなら選手3人が①～④のノックを3～5回受けることを1セットといいます。

2.　岡垣ジュニアのノック練習例（4点アタック）

コート全面を使ったノックに対しスマッシュ→プッシュ→スマッシュ→スマッシュの4点アタック（**図Ⅲ-8**）を行う。

【練習方法】

①ノッカーは、ラケットを使い、ドリブンクリアーのように右コート奥に低めにシャトルを打ち出します（矢印①）。

②選手はコート奥からスマッシュを打ってネットに詰めます（点線矢印②）。

③ノッカーは次のノックでシャトルを右コートのネット近くに打ち出します（矢印③）。

④選手はネット前でプッシュし、反対コートに移動します（点線矢印④）。
⑤ノッカーは、次のノックで左コートのネット近くに上げます（矢印⑤）。
⑥選手はスマッシュで打ち返し、後ろに移動します（点線矢印⑥）。
⑦ノッカーは、次のノックで左コート奥に低めにシャトルを打ち出します（矢印⑦）。
⑧選手は奥からスマッシュし、反対コートのスタート位置に移動します（点線矢印⑧）。
⑨①から⑧を繰り返します。

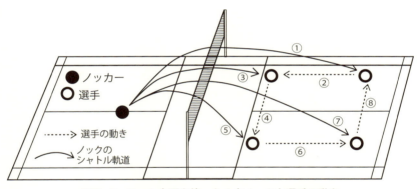

図Ⅲ-8　コート全面を使った4点ノックと選手の動き

　この4点ノックはコート全面を使うので、選手にはかなりのハードワークになります。
　このノックのねらいは移動スピードの向上、スタミナの向上、攻撃的意欲の向上をねらっています。参考までにシニア選手3人が組になりノックを受ける場合のレベル別ノック回数の目安を表Ⅲ-7に示します。

表Ⅲ-7　レベル別ノック回数とセット回数（目安）

レベル	3人が上記①〜⑧まで連続してノックを受ける回数	セット回数	達成目標
初級	2〜3回	2〜3	1か月で達成できるように
中級	3〜5回	2〜3	半年〜1年で達成できるように
上級	5回超え	3以上	挑戦（3年以内に達成できるように）

セット：初級レベルなら選手3人が①〜⑧のノックを2〜3回受けることを1セットといいます。

COFFEE ☕ BREAK

上手な褒め方・上手な叱り方
―褒めて上達させる・叱って上達させる方法―

　人は良いことをすると褒められ、悪いことをすると叱られる。人の能力（才能）を伸ばすのに、多くは褒めることが使われるのは"褒められると嬉しくなり、また良いことをしよう"という心理的要因を利用することからであろう。

　一方、悪いことをして叱られると"これから悪いことをするのをやめよう"と思う人もいるでしょうが、"何で俺が叱られなければならないのか"、"頭にきたあいつは嫌いだ"、"あいつの顔を見るのも嫌だ"と思う人も多くいるのではないでしょうか。若いときに叱られた経験のある人なら思い起こしていただけるでしょう。

　悪いことをして叱られた人は、叱ってくれた人に従う人と、逆に反発し怨む人に分かれます。"従う人"と"反発する人"には性格の違いによる部分もあるかもしれませんが、この点からは深く立ち入らないことにします。私はスポーツで人を伸ばすには"褒めて伸ばす"、"叱って伸ばす"両方が可能であると思っています。ここでは、私がとっている"叱って伸ばす"方法を紹介します。

1. "叱られる選手の気持ちになり、その選手を伸ばそうという気持ちで真剣に叱る"、中途半端な叱り方はしない。
2. 監督やコーチが腹いせに叱るのは絶対にやらない。
3. 選手の「素質の良さ」、「伸びる才能」を見出し、そのことを伝えて叱る。
4. 他の選手に劣るところを指摘して叱ることは絶対にやらない。
5. 叱られた選手が伸びてきたなら、必ず声をかけて褒める。

　口先だけで「お前のことを思って叱っているのだ!!」とか「あの選手ができているのに何でお前はできないのだ」などと言われると、中学生の年代ならばすぐに見抜きます。

　嫌みや腹いせに叱るのではなく、選手を思い上達させようという気持ちで真剣に叱ると必ずや選手の心に伝わるものです。そして成長してきたときには必ず褒めることを忘れてはなりません。私は、この叱り方で長年選手と接しています。

第Ⅲ部　強くなるため・勝つための強化練習 | 151

第6章　レシーブの強化練習

　どんなスポーツにも攻撃と守備（レシーブ）があります。どちらも大事です。攻撃力が弱いとポイントをゲットしにくいが、レシーブ力が弱いと相手にすぐポイントを与えてしまいます。レシーブ力を高め、相手の攻撃に耐え、いかに早く有利な攻撃態勢へ切替えできるかがポイントになります。前述のフットワークの強化、パターン練習、ノックによる練習などはすべてレシーブの強化にもつながります。

　ここではノッカーによりネットぎりぎりに落とされたトスをさまざまな打法により正確に返球するレシーブ強化練習を教示します。レシーブの強化練習にはフォアハンドでの返球や、ボディ攻撃に対するバックハンドでの返球、スマッシュ攻撃に対するスマッシュレシーブなど多くのレシーブ練習があるので各クラブチームが工夫してレシーブ力向上につながる強化練習を編み出してください。

1.　同じフォームから異なるレシーブショットを打ち分ける強化練習

　同じフォームで相手選手には何を打つかわからないようなショットを打つ練習です。

　この練習をすることで相手にフェイントをかけることができます。つまり相手選手がヘアピンと思い前進してきたならばストレートにロブを返す、あるいはクロスにヘアピンを落とすことで相手の逆をつくレシーブになります（図Ⅲ-9）。

①ノッカーがネットぎりぎりにトスを入れたシャトルを選手はヘアピンで返す（矢印①）。

②ノッカーがネットぎりぎりにトスを入れたシャトルをクロスヘアピンで落とす（矢印②）。

③ノッカーがネットぎりぎりにトスを入れたシャトルをストレートに

ロブを打つ（矢印③）。
④ノッカーがネットぎりぎりにトスを入れたシャトルをクロスにロブを打つ（矢印④）。
⑤ ①〜④を3人が組になり交互にノックを受ける。これを5回繰り返し行う。
⑥ ⑤を1〜3セット行う。
　この練習は反対コートでも同じように行うと効果が大きい。

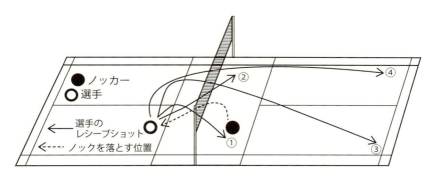

図Ⅲ-9　同じフォームから異なるショットを打ち分ける強化練習

第1の目標：矢印①〜④の方向へ打ち分けができるようになる…1か月内でできるように。
第2の目標：矢印①〜④の方向へ正確にできるようになる…半年から1年以内でできるように。
第3の目標：矢印①〜④の方向へフェイントをかけながら正確にできるように…挑戦目標。

2.　サービスレシーブの強化練習

　ショートサーブ、ロングサーブ、ドリブンサーブに対するレシーブショットを表Ⅲ-8にまとめました。ショートサーブにはヘアピン、ロブ、プッシュのレシーブが多く使われ、スピンネットはたまに使わ

れることがわかります。ロングサーブ、ドリブンサーブについても**表Ⅲ-8**からどのレシーブショットが多く使われるかがわかります。ここではショートサーブの返球に多く使われるプッシュの強化練習と、ショートサーブの返球に使われるさまざまなレシーブショットを混ぜて行うレシーブ強化練習を2つ教示します。

表Ⅲ-8　サービスに対するレシーブショット（◎：頻度が多い　○：頻度が少ない）

レシーブショット＼サーブ	スピンネット	クリアー	スマッシュ	ヘアピン	ドライブ	ロブ	プッシュ	カット	ドロップ	クロスネット	ラウンドザヘッド
ショートサーブ	○			◎		◎	◎				
ロングサーブ		◎	◎					○	◎		○
ドリブンサーブ		◎	◎		○						○

1）ショートサーブに対するレシーブ強化（その1）―プッシュで返球（図Ⅲ-10）

(1)サーバーのショートサーブをレシーバーはバック奥にプッシュで返球する（矢印①）。

(2)手前コートからストレートに相手コート前に返す（矢印②）。

(3)レシーバーは移動し、ドライブかクリアーで手前コートのフォアコート奥に返す（矢印③）。

　レシーバー側が必ず2回返球するまで矢印①～③を繰り返します。バック奥へのプッシュ返球は速いスピードで、ラインぎりぎりまで飛ばすようにします。

2）ショートサービスに対するレシーブ強化（その2）―多様な打法で返球（図Ⅲ-11）

(1)ショートサーブに対する多様なレシーブショット

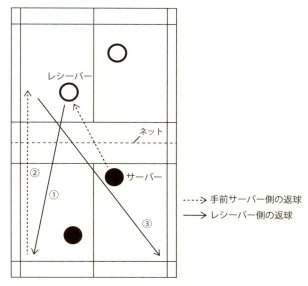

図Ⅲ-10　ショートサーブに対しバック奥に返球するレシーブ練習

　サーブに対してバック奥にプッシュ気味に返球（①）、フォア奥にプッシュ気味に返球（②）、バック前にヘアピンで返球（③）、フォア前にヘアピンで返球（④）、バック奥にロブで返球（⑤）、フォア奥にロブで返球（⑥）などレシーブショットを多様に使う強化練習です。
(2)多様なレシーブショットへの対応
(2-1) ③のヘアピンレシーブへの対応
　　手前コートから相手コート中央奥にロブで返す。奥コートのレシーバーのパートナーがスマッシュで手前コート奥に打ち返す（⑦）。
(2-2) ②のプッシュレシーブへの対応
　　手前コートからドライブで相手コート中央奥を目がけストレートに返球する。奥コートのレシーバーのパートナーはドライブショットで手前コート奥に返球する（⑧）。
(2-3) 上記(2-1)、(2-2)以外の①、④、⑤、⑥へのレシーブ対応
　　手前コートから相手にバリエーションを持たせて返球するように

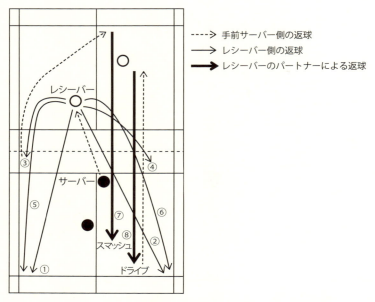

図Ⅲ-11　ショートサーブに対応した**多様なレシーブショットの練習**

　　工夫してください。
(3) (1)と(2)をレシーブ側が必ず2回返球するまで繰り返します。
　この強化練習は、ショートサービスに対するレシーブにバリエーションをもたせることが目的で、特に決まったパターンにする必要はありません。
　ショートサービスに対するレシーブ強化練習として、プッシュによる返球と多様なショットで返球する強化練習を述べましたが、ロングサービスやドリブンサービスについても同じようにサービスレシーブに変化（**表Ⅲ-8**で頻度の多いレシーブショットを取り入れる）をもたせて強化練習することが重要です。
　サービスレシーブ強化練習のねらいは、相手の捕球しにくい場所にシャトルを返球することで相手を追い込み、態勢を崩し、味方の攻撃態勢を速くつくり上げることです。

第7章　試合による強化練習

　試合にはチームメイト同士で日常行っている練習試合と、ある団体（協会）が主催する試合（大会）があります。ここでは前者を「練習試合」、後者を「本試合」と呼びます。

　バドミントンを"うまくなろう"、"強くなろう"と志している人は、この両試合を通じて強くなるため、勝つために必要な9要素を強化する必要があります。練習試合には「練習試合」を通じて強化すべき要素があり、本試合には「本試合」を通じて強化すべき要素があります。

1.　練習試合による強化練習

1）練習試合の特徴

　練習試合は本試合と異なり、相手の実力も、癖も知りつくしているチームメイト同士の試合です。ただし、練習試合とはいえ試合ですから、対戦相手があり、カウントを取り、ルールに従って勝敗を競い合います。

2）練習試合で強化すべき要素

①普段の練習成果を練習試合でも発揮できるように

　ハイバック・クリアーが遠くまで飛ばない、相手のクロスへアピンについていけない、ショートサーブが浮いてしまうなど、練習試合になると練習ではできていたことができなくなることがあります。練習でできていることは練習試合でもできるようにしなければなりません。失敗を恐れず、できるまで挑戦していきましょう。

②弱気な気持ちを払拭する

　相手が強いから負けて当たり前、試合前から負けている弱気など、ネガティブな気持ちは捨てることです。"今回は何点とるぞ"、"相手

第Ⅲ部　強くなるため・勝つための強化練習 | 157

をもっと追い詰めるぞ"などポジティブな気持ちに切り替えて試合に臨むことが大事です。

③試合内容の分析・反省・改善

　練習試合とはいえ、試合ですからどんなショットが返ってくるか、コートのどこに返球されるかはまったく予想がつきません。「パートナーとのローテーションはうまくいっているか」、「あの場面でスマッシュを打たないでなぜクリアーで返球してしまったか」などは試合中はうまく把握できません。月に1回程度、練習試合をビデオ撮影して分析し、改善の反省材料にしましょう。うまくなるため、勝つための一歩前進につながります。

④練習試合は少し強い相手に挑戦する

　どんなスポーツもそうですが、中学生が高校生を相手に練習をしていると自然にレベルが上がり、中学生の大会でよい成績を残すことがあります。"強くなろう"、"勝とう"と思うなら、少し強い相手と練習や試合をすることです。

⑤自分の弱み強みを見つける

　練習試合のなかから自分の弱点である課題を見つけ、練習を通じて克服しなければなりません。弱点を克服していないと何度も同じ失敗を繰り返すことになります。一方、強みは活かさなければならないので自分の強みを見つけることも大事です。

2. 岡垣ジュニアの練習試合例

　岡垣ジュニアで行っている少し変わった練習試合方法を紹介します。「勝ち上がり負け下がり」、「勝ち抜き上がり」といわれている刺激的な練習法です。何が変わっているかといえば、「勝ち上がり負け下がり」練習では、21点でゲームを行うのではなく3〜5分の間で試合を行う「時間制試合」を採用している点です。「勝ち抜き上がり」では5点マッチで試合を行う点です。ここでは「勝ちあがり負け下が

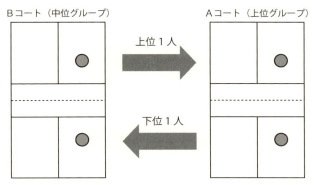

図Ⅲ-12 時間制試合によるA、Bグループの入れ替え（勝ち上がり負け下がり）

り」の練習法を少し詳しく説明します。

　3〜4人で1グループを編成します。図Ⅲ-12のようにコート半面を使い1グループのうち2人が仮にBコートで試合をすることにします。2人は通常の試合と同じようにシングルスの試合をしますが、3分経過したら試合は終了します。試合終了時点でリードしていたほうが勝ちです。グループでリーグ戦を行い、グループの1位選手が図Ⅲ-12の上位Aコートに上がり、逆にAコートから最下位選手が中位Bコートに回ります。順位づけは勝敗数（同率の場合は点数差）で決めます。

　なぜ、このような試合を行うのか、その目的の一つ目は最初から精一杯の力で戦わせるためです。試合時間が3分しかないので、"後半挽回しよう"という戦術はとれません。二つ目は強い選手からできるだけ多くの点を取る、逆に弱い相手には徹底的に点を与えないという意識を持たせるためです。三つ目は下位グループからでも"勝てば上位グループの選手と試合ができる"という下克上の環境をつくり、競争心を高めるためです。そして最後の四つ目は回転率を高くし、試合回数を増やすためです。短い時間で勝敗が決まりますので選手は必死になります。また多くの選手と試合ができます。

3. 本試合による強化練習

1) 本試合の特徴

　本試合は練習試合と違い、次の特徴があります。

①一般の観客、味方チームの応援団、相手チームの応援団がいる。

②クラブチーム代表として戦う。

③相手の強み、弱点、癖がわからない。

④独特の雰囲気のなかで試合するため大きなプレッシャーがかかる。

　このような本試合のなかから心がけること、学ぶこと、強化すべきことがたくさん出てきます。ダブルスを例にいくつか強化すべき要素をあげます。

2) 本試合で強化すべき要素

①多くの試合経験を積んで普段の実力が発揮できるように

　本試合は多くの観衆が見つめています。また味方チーム、相手チームの応援団もいます。このようななかで普段の実力、練習成果はなかなか出せません。「気後れする」、「肩に力が入る」、「気負う」、「あがる」などが主な原因です。

　たとえば、話をすることに慣れていなかった先生が、10年以上も経験を積むと見違えるほど変わる姿をよく見かけます。以前のように「あがる」ことは少なくなり、自信につながったのではないかと推察します。私はスポーツも同じであると考えます。多くの試合を経験し、反省し、努力すればある程度は普段の実力が発揮できるようになります。

②リラックスして試合を行うように

　試合前はリラックスしているつもりが、いざ試合になると相手のあることだから思うようにならない、特にリードされた場面では頭が「カッカし」、「上気し」、「緊張し」態勢を立て直す間もなくずるずると負けてしまうことがあります。相手に4ポイント連取されたら気持

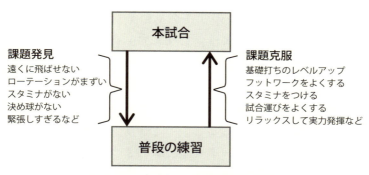

図Ⅲ-13　本試合と普段の練習との関係

ちがコントロール状態にないので、パートナーに「肩に力が入り過ぎている」などを声かけする、パートナーも「足が動いていない、硬くなっている」などを知らせてくれます。お互いに声をかけ合いながらリラックスできる状態をつくる必要があります。

③相手の弱みを攻め、強みを封じる

　本試合ではいち早く相手の弱みを見つけ、弱点を攻めることが勝ちにつながります。特にダブルスで2人のレベルに差がある場合は、実力の劣る方を徹底的に攻める戦術をとります。また、攻撃タイプの選手には攻撃をさせずに守備をさせるようなショットを打ちます。また守備タイプの選手には逆に攻撃をさせるようなショットを上げるなどの戦術をとります。これは相手の強みを封じる一つの手段です。

④本試合を多く経験し、課題を見つけ、克服し、自信をつける

　ある地方大会で見かけた選手が1年後には見違えるほど実力をつけた姿を見かけることがあります。このタイプの選手は単に多く試合に出ただけではなく、試合のなかから多くを学び、課題を見つけ、普段の練習で課題解決に努力した人ではないかと思います。本試合を多く経験しただけでは強くならないし、試合には勝てません。図Ⅲ-13のように試合のなかから課題を見出し、その課題を普段の練習で克服しているからこそ強くなるのです。

　試合と練習は車の両輪です。どちらか一方が欠けても強くなりませ

ん。「課題発見→課題解決」のサイクルをくり返して強化することで実力がつき、試合に勝てるようになります。それが自信にもつながります。

⑤ビデオ分析で試合内容を分析する

　本試合をビデオに撮っておくと役立ちます。試合後に自分たちの試合内容を何回も繰り返し見ることができます。ビデオを見ると、試合中には気がつかなかったローテーションのまずさ、攻撃のまずさ、守備のまずさなどが鮮明にわかります。"何であの場面でこうしなかったのか"が具体的にわかってきます。それが反省の糸口です。パートナーと一緒に見ながら話し合うことをお奨めします。反省なくして進歩なしです。

4.　他流試合で強化すべき要素

　練習試合と本試合の中間的な試合に他のクラブチームとの練習試合があります。ここでは他流試合と呼びます。他流試合は練習試合と違い、相手の実力や癖はわかりません。ただし本試合と違い多くの観衆が見つめているわけではなく、独特のプレッシャーもそれほどではありません。

　しかし、他流試合は本試合に近い経験ができるため、私はクラブチームの責任者にはぜひとも多く取り入れていただきたいと思っています。これから本試合に出場しようと思っている選手には大変勉強になります。つまり、チーム同士で対戦するプレーでのエキサイティングな場面、まったく実力や癖のわからない対戦相手に対する試合の進め方、練習試合と違うプレッシャーや緊張感の克服方法など、多くの課題が見えてきます。他流試合では勝つことに主眼を置くのではなく、チーム同士で対戦する雰囲気に慣れることです。休日を利用して他流試合を行うことができれば他チームとの交流にも親睦にも役立ちます。

COFFEE BREAK

4人制バドミントンでゲームを楽しみましょう
―高齢者に優しいバドミントンゲーム―

　若い選手同士で打ちあうバドミントンはスピードがあり、迫力があり、圧巻です。日本を代表する一流選手の試合では1点をゲットするのに何十回ものラリーが続くことも珍しくありません。しかし、スピードやスタミナの劣る高齢者にはこのような白熱した試合はとうてい望めません。

　私は勝敗を競うバドミントン競技とは別に「楽しむバドミントン」があってもよいのではないかと思っています。楽しみながら体を動かし汗を流し健康を維持するのが目的です。従来のシングルスやダブルスではなく4人制ゲームです。高齢者はパワーもスタミナも落ちているため、コーナーを突く、人のいない場所に落とすことで得点することが多いのですが、4人制になるとこのような方法で得点することが難しくなり、相手のミスによる得点が予想されます。また、ラリーが何十回も続くのではないでしょうか。

　私は高齢者に優しい、そして楽しいバドミントンとして4人制バドミントンを提案します。日本バドミントン協会を始め、多くの関係者に4人制バドミントンを高齢者競技の種目に検討していただきたいと思っています。一人ひとりの守備範囲が狭くなり、かつ1試合で多く（8人）の選手が楽しめます。

　4人制ゲームではチームワークとフォーメーションが大事になってきます。ミスをした方が負けるでしょう。おそらくゲーム時間が長くなるので、1ゲーム11点3ゲームにしても構わないと考えています。試行錯誤を繰り返しながら5年後をめどに、全員が70歳以上のプレイヤーで元気に試合をしている姿を見たいと待ち遠しく感じています。

　現代社会は健康志向です。高齢者が元気に楽しく明るくスポーツをしている姿は誰が見ても気持ちのよいものです。4人制バドミントンがその一翼を担えるならば、4人制バドミントンのアイデアを提案する者としてこのうえない幸せです。

第Ⅲ部　強くなるため・勝つための強化練習 | 163

引用・参考文献

中田稔監修：「基礎からのバドミントン」ナツメ社、2002 年

池田信太郎著：「バドミントンの基本レッスン」新星出版社、2011 年

日本バドミントン協会編：「バドミントン教本（応用編）」ベースボール・マガジン社、
　　2003 年

今井茂満：「毎日新聞」2015 年 2 月 4 日朝刊 9 面「そこが聞きたいバドミントン界の
　　飛躍」毎日新聞社

喜多　努著：「確実に上達するバドミントン」実業之日本社、2006 年

小島一夫著：「うまくなる！バドミントン」西東社、2003 年

陣内貴美子著：「バドミントン入門」大泉書店、2001 年

竹俣　明著：「いちばんうまくなる！バドミントンの新しい教科書」日本文芸社、
　　2016 年

平井博史、渡辺哲義著：「バドミントン　コーディネーション」ベースボール・マガ
　　ジン社、2006 年

公益財団法人日本バドミントン協会：「バドミントン競技規則」
　　http://www.badminton.or.jp/（2016/5/15 閲覧）

くまもと再春館製薬所バドミントンチーム：「バドミントンの基礎知識」
　　http://www.saishunkan-badminton.jp/（2016/7/15 閲覧）

日本ユニシス実業団バドミントン部：「バドミントンのルール解説」
　　http://www.unisys.co.jp/badminton/（2016/7/15 閲覧）

本書出版に協力をいただいた企業・団体及び内容

公益財団法人日本バドミントン協会：バドミントンの普及・発展のため本書出版に際
　　して大いなる激励

ヨネックス㈱　ヨネックス　バドミントンチーム：現役 5 選手から基礎打法のワンポ
　　イントアドバイス

㈱北都銀行　北都銀行バドミントン部：現役 2 選手から基礎打法のワンポイントア
　　ドバイス

中央大学　中央大学バドミントン部：現役 2 選手から基礎打法のワンポイントアドバ
　　イス

福岡県遠賀郡バドミントン協会兼岡垣町バドミントン連盟：本書出版への激励

福岡県遠賀郡岡垣町スポーツ店「スポーツビーハイブ」：本書出版への賛同とご協力

遠賀郡岡垣町バドミントンクラブ「カトレア」：写真撮影の協力

遠賀郡岡垣町バドミントンクラブ「月曜クラブ」：写真撮影の協力

《著者バドミントン略歴》

池田明男
1943年　中国山東省で生まれる
1968年　福岡県代表選手として国体に出場
1974年　バドミントンクラブ岡垣ジュニア立ち上げ
現在　　バドミントンクラブ岡垣ジュニア監督兼コーチ

【バドミントンをはじめた動機】
　所属する職場の先輩から誘われてバドミントンをはじめました。3年後に会社のエースとして活躍。

【バドミントンクラブ岡垣ジュニアを立ち上げた動機】
　国体選手として全国大会に出場したとき、全日本で活躍する選手を育てるには小・中学生のジュニア世代から基礎をしっかり身につける必要性を痛感したため。

【今後の抱負】
　岡垣町から念願のオリンピック選手が出ました。感謝しています。またオリンピック選手を育てたい。楽しいバドミントン競技を考案したい。

廣瀬勇夫
1939年　福岡県に生まれる
2010年　全日本教職員大会ダブルス65歳の部優勝
2010年　全日本教職員大会シングルス70歳の部優勝
2010年　第27回全日本シニア選手権70歳の部ダブルス優勝
2014年　第31回全日本シニア選手権70歳の部ダブルス優勝
現在　　クラブ「カトレア」、「ヴィンテージ福岡」に所属

【バドミントンをはじめた動機】
　中学校バドミントン部顧問を依頼されましたが、実践の伴わない指導者では生徒に申し訳ないとの思いで始めました。

【今後の抱負】
　全日本シニア選手権シングルスではベスト4が最高で、この壁をブレイクスルーしたい。バドミントンを始める人々の役に立ちたい。

泉　英明
1942 年　秋田県に生まれる
1990 年　東和大学（現純真学園大学）バドミントン部顧問
2008 年　バドミントンクラブ「カトレア」に入会（66 歳）
2014 年　バドミントンクラブ「月曜クラブ」に入会
2015 年　岡垣町スポーツ店 Beehive 主催 Beejoy リーグ戦
　　　　　G クラスで団体優勝
現在　　クラブ「カトレア」、「月曜クラブ」に所属。週 3 回練習

【バドミントンをはじめた動機】
　定年後は健康のためスポーツをしようと考えていた。在住の岡垣町町民体育館（ウエーブアリーナ）に足を運んだところ、カトレアクラブの練習を見て気持ちがわくわくしてきましたので入会を決意しました。

【今後の抱負】
　地方の大会に最高齢者として年 5 回ほど出場したい。77 歳までは続けたい。"あの選手が大会に出場しているのだから私たちも頑張らなくちゃ"と言われるようになりたい。

バドミントン　シニアからのチャレンジ
シニア全日本で上位を目指す人・シニアから始める人へ

2017 年 9 月 15 日　初版第 1 刷発行

著　者　池田明男
　　　　廣瀬勇夫
　　　　泉　英明

発行者　田村志朗

発行所　㈱梓書院

　　　812 - 0044
　　　福岡市博多区千代 3 丁目 2 番 1 号
　　　Tel 092-643-7075
　　　Fax 092-643-7095

　　　印刷/製本　大同印刷㈱

ISBN978-4-87035-612-2　Printed in Japan
©2017 Ikeda Akio,Hirose Isao,Izumi Hideaki
定価はカバーに表示してあります。
乱丁・落丁本はおとりかえ致します。